Aventura de Construir
Transformar protagonistas

BRILHOS DA PERIFERIA

NARRATIVAS DE EMPREENDEDORISMO E RESILIÊNCIA

Editora Verso

Editora InVerso

© 2024. Editora InVerso

R. Doutor Goulin, 1523 Alto da Glória
CEP 80040-280 Curitiba-PR
(41) 3254-1616 e (41) 3558-8001
editorainverso@editorainverso.com.br
www.editorainverso.com.br
Facebook.com/editorainverso
Instagram @editorainverso

COORDENAÇÃO EDITORIAL / EDITORA Cristina Jones

REVISÃO Luciana Leal e Camila Dias Manoel

CAPA, PROJETO GRÁFICO E DIREÇÃO DE ARTE Adriane Baldini

ORIENTAÇÃO ARTÍSTICA Marcelo Lucato

AUTORAS Adriana Barros e Marli Pirozelli

ENTREVISTADORA Jornalista Mariana Kotscho

CRÉDITO DAS FOTOS Vinicius R. R. Dutra e Acervo Aventura de Construir

AGRADECIMENTOS ESPECIAIS PARA Silvia Caironi, Pedro Menezes, Roberta Badiali, Matilde Silva e Caique Caetano

DADOS INTERNACIONAIS DE CATALOGAÇÃO NA PUBLICAÇÃO (CIP)
MONA YOUSSEF HAMMOUD – CRB/9ª.1393

O58b
ONG Aventuras de Construir. **Brilhos da periferia: Narrativas de empreendedorismo e resiliência.**
Curitiba: Editora InVerso, 2024
100 p. 22 x 20 cm PTBR
ISBN: 978-85-5540-421-4

1. Terceiro setor. 2. Empreendedorismo. 3. Biografias.
4. Humanidades. 5. Transformação. 6. Coletividade. I. Título

CDD: 501

HUMANIDADES: 501
CIÊNCIAS SOCIAIS: 371.10
BIOGRAFIA: 926

A todos que, com o brilho nos olhos, talento, garra e alegria, iluminam as lutas diárias e enchem de esperança nosso trabalho.

A cada uma e a cada um de vocês, que nos inspiram e caminham conosco, nossa eterna gratidão.

PREFÁCIO

Por **Silvia Maria Louzã Naccache**,
empreendedora social, palestrante, avaliadora de projetos, conteudista, captadora de recursos e consultora na área de voluntariado, voluntariado empresarial, responsabilidade social, desenvolvimento sustentável e terceiro setor.

Empreender é uma aventura de coragem e transformação! Em cada canto do Brasil, brilha e pulsa um coração empreendedor. São indivíduos que ousam sonhar, concretizam suas ideias em ação e que, com determinação, constroem realidades prósperas para si, suas famílias e suas comunidades. Este livro é um tributo e reúne histórias inspiradoras que revelam o poder transformador do empreendedorismo.

Mais do que gerar riqueza, o empreendedorismo nutre a autoestima, impulsiona o desenvolvimento pessoal e fomenta a prosperidade. Cada microempreendedor é um pilar fundamental na engrenagem do progresso local, movimentando a economia, criando oportunidades e gerando um amanhã promissor para sua região.

A trajetória do empreendedor nem sempre é fácil. É um caminho árduo, com desafios e incertezas. É nesse cenário que a Aventura de Construir (AdC), por meio de acompanhamento personalizado, formação e facilitação de acesso ao crédito, tem empoderado os empreendedores de baixa renda das periferias de São Paulo e do Brasil, impulsionando as mudanças sociais e econômicas nesses territórios. Um percurso contínuo e fascinante, e teremos a alegria de conhecer algumas belas e instigantes aventuras de quem constrói, no dia a dia das periferias, a geração de renda, a inclusão social e o desenvolvimento sustentável.

O voluntariado é um dos compromissos genuínos com a autonomia dos empreendedores e com o aprimoramento das comunidades, preservando o meio ambiente, impulsionando o crescimento individual e coletivo. Os voluntários da AdC doam seu tempo e conhecimento, atuam em diversas frentes, oferecendo mentoria, capacitação e apoio na gestão de seus negócios. As práticas de voluntariado corporativo também têm sido uma experiência exitosa de fortalecimento e ampliação das parcerias.

Ao longo destas páginas, você conhecerá empreendedores brilhantes, arrojados, que bravamente enfrentaram seus medos, aprenderam com seus erros e, com valentia, persistência e criatividade, alcançaram o sucesso. São relatos que nos ensinam a importância da análise crítica, da ponderação, da resiliência e da tomada de decisões conscientes, sempre com o olhar atento aos riscos e oportunidades que se apresentam. Os empreendedores de sucesso são aqueles que não se contentam com a estagnação. São indivíduos em constante movimento, que enxergam além dos obstáculos e transformam cada desafio em uma oportunidade de aprendizado e crescimento.

Este livro é um convite para que você se conecte com parte da comunidade empreendedora da Aventura de Construir: inspire-se, acredite e realize! O Brasil precisa de bravura, ousadia e força empreendedora para juntos construirmos um futuro mais diverso, igualitário, justo e próspero para todos.

SUMÁRIO

Tauá
Tauá

OKÊ
AVENTURA

INTRODUÇÃO

Por **Adriana Barbosa**, empreendedora social e especialista em "sevirologia".

Em um mundo onde as desigualdades sociais são cada vez mais evidentes, é inspirador encontrar pessoas que, movidas pela vontade de transformar suas realidades, decidem tomar a iniciativa e construir possibilidades e oportunidades de impacto para as regiões periféricas em que vivem. O livro *Brilhos da periferia* reúne histórias emocionantes de empreendedores sociais e lideranças comunitárias que, com o apoio da organização Aventura de Construir, conseguiram transformar seus incômodos em ações comunitárias de impacto sistêmico.

A Aventura de Construir é uma organização que desenvolveu um programa de apoio a empreendedores e lideranças periféricas, oferecendo suporte, capacitação e ferramentas para que pudessem desenvolver seus projetos e iniciativas. Por meio desse apoio, as lideranças periféricas encontraram o suporte necessário para se tornarem agentes de mudança em suas comunidades, construindo um futuro mais promissor e justo para todos.

As páginas de *Brilhos da periferia* são preenchidas por relatos em terceira pessoa de pessoas corajosas e determinadas que, em vez de se resignarem diante das adversidades, decidiram agir e fazer a diferença. São histórias de superação, resiliência e esperança, que mostram o poder da ação coletiva na construção de um mundo mais inclusivo e igualitário.

Ao escrever esta introdução, não posso deixar de mencionar a minha própria trajetória à frente da Feira Preta, um evento que reúne milhares de empreendedores negros e que tem como objetivo promover a valorização da cultura afro-brasileira e o fortalecimento do empreendedorismo negro. A minha experiência com a Feira Preta me mostrou a importância de apoiar e valorizar as iniciativas empreendedoras nas periferias, que muitas vezes são invisibilizadas e subestimadas.

É por isso que me sinto tão conectada com as histórias presentes em *Brilhos da periferia*. Cada relato real, da vida como ela é, me lembra que, apesar dos desafios, é possível construir um futuro melhor para as comunidades periféricas, desde que haja determinação e apoio mútuo e uma relação de parceria descolonizada, com o propósito de fazer com, e não para. O livro é um testemunho da força e da resiliência das pessoas que, mesmo diante das adversidades, decidiram lutar por um futuro mais digno e justo.

Ao ler estas páginas, os leitores serão convidados a refletir sobre o poder da iniciativa individual e coletiva na transformação das comunidades periféricas. As histórias aqui contadas são um lembrete de que, juntos, podemos construir um mundo mais inclusivo, equitativo e solidário, onde cada pessoa tenha a oportunidade de realizar seu potencial e contribuir para o bem comum.

Que este livro seja não apenas uma fonte de inspiração, mas também um chamado à ação. Que as histórias aqui contadas motivem os leitores a se engajarem na construção de um futuro melhor para todos, seguindo o exemplo dos protagonistas de *Brilhos da periferia*. Juntos, somos mais fortes e capazes de brilhar nas periferias, transformando realidades e construindo um mundo mais brilhante, justo e igualitário para todos.

Bem-vindos!!
AdC
~Cardapio~
Mix de folhas c/ frango grelhado
Inhoque de batata doce roxa c/ pesto d
PANCS
Polenta c/ cap

Geleia artesanal
Amora preta
Geleia artesanal
Uvaia e manga
Geleia artesanal
Cambuci com Manga

ABARROS EDITORA INCLUSIVA

Era uma vez um menino autista que sonhava ser autor de livros. Ao fundar uma editora para atender o filho, **Adriana Barros** vislumbrou um caminho de inclusão, ativismo e transformação de vida de outros tantos sonhadores.

Diferentemente de outras crianças do bairro onde nascera, Adriana desejava um futuro em que a educação estivesse presente em todos os dias de sua vida.

Sendo a segunda de cinco filhas de um pai amoroso, mas de saúde mental frágil, diagnosticado com esquizofrenia, e de uma mãe trabalhadora e dedicada, Adriana não se intimidava diante das constantes afrontas que recebia por ser negra. Aliás, bem orientada pela mãe, sempre se considerou bonita, corajosa e inteligente — o bullying não a incomodava, tinha objetivos a alcançar.

Começou a trabalhar em fábricas quando tinha 11 anos. Demorou, mas conseguiu o primeiro emprego como assistente administrativa. Quando viu oportunidade, ingressou em uma universidade e se formou em Secretariado Executivo Bilíngue, entendendo que a profissão poderia ser exercida em vários segmentos. Fez estágio e se efetivou em uma das maiores empresas de tecnologia do mundo. Tendo cursado inglês, desenvolvia o idioma, além do espanhol e outras habilidades, sendo secretária de um diretor com atuação em vários países. Experimentava um período de realização profissional e tinha planos de seguir carreira dentro da companhia.

Entretanto, o caminho até lá foi regado de desafios como um câncer de tireoide e um tumor de hipófise descobertos simultaneamente. Optando por somente uma das cirurgias recomendadas por seus médicos, o tumor necrosou espontaneamente e o procedimento para retirada do câncer a deixou muda por um período. Recuperou-se bem enquanto conhecia melhor um certo rapaz da faculdade e que depois se tornaria seu marido.

Ainda no primeiro ano de casada, Adriana cursou uma pós-graduação em Gestão da Qualidade para incrementar sua carreira, mas a empresa em que trabalhava havia anos enfrentou um longo período de dificuldades e demitiu centenas de milhares de funcionários ao redor do mundo. Ela também foi demitida, mas, como era da Comissão Interna de Prevenção de Acidentes (CIPA), teve direito a uma indenização, que usou para quitar as prestações do apartamento que o jovem casal tinha adquirido. Eles estavam preparados para se tornarem pais.

ALTOS, BAIXOS E PROFUNDOS

O bebê chegou! Alegria, contentamento e muita felicidade, mas algo inesperado trocou os sentimentos, dando lugar ao desconhecido, à culpa e a muita incerteza.

Consultórios e laboratórios passaram a ser lugares-comuns para a família. Anos se seguiam sem resposta. O filho tão desejado tinha passado por um desenvolvimento brilhante, aprendendo rápida e surpreendentemente sobre muitas coisas até os 2 aninhos de idade, depois a criança apresentou um retrocesso gigantesco, chegando à mudez e a uma grande apatia aos 3 anos. Os jovens pais foram, muitas vezes, acusados pelo acontecido, sendo apontados como relapsos.

Quando seu filho estava com quase 6 anos de idade, chegou a resposta tão procurada em forma do diagnóstico: Transtorno do Espectro do Autismo, o TEA. Adriana e o marido já haviam combinado de que ela desistiria de uma carreira profissional para dedicar-se ao filho. Por dez anos, ela permaneceu como mãe e esposa, passando por períodos de depressão e sentimento de culpa. Seu consolo era o amor pelo filho e os estudos que fazia via internet sobre o autismo. Seu filho demonstrava pouco avanço diante de tantas terapias, remédios e médicos. Até que, quando ele estava com 11 anos, fez duas historinhas: A dona corujinha e O canguru elétrico. Querendo incentivar o filho, que já passava por tantas dificuldades, Adriana e o marido abriram uma editora para publicar ao menos um livro do filho.

A AVENTURA DE CONSTRUIR: UM CAMINHO PARA CONTINUAR

Livro lançado, 500 unidades impressas e vendidas.

E agora: como continuar? Orientada por uma tia, Adriana venceu o medo de sair de casa e vinha frequentando um grupo de mulheres empreendedoras, e foi exatamente nesse grupo que teve conhecimento da Firgum, uma plataforma de empréstimo coletivo. Ao procurar a empresa, entretanto, ela descobriu que não estava pronta como empreendedora e foi direcionada à Aventura de Construir (AdC), e a transformação foi chegando e tomando lugar.

Ela já havia vencido o medo de sair de casa, conseguindo frequentar reuniões de empreendedoras no próprio bairro, e foi um pouco mais distante para atender aos cursos da AdC no bairro da Lapa. Participou do A Realidade Empreendedora I, financiado pelo Fundo ISC, criado com objetivo de apresentar métodos e critérios de desenvolvimento de negócios de impacto social positivo, incentivando e desenvolvendo as capacidades dos participantes, oferecendo, também, possibilidade de concorrência de prêmios em dinheiro. Outro projeto da AdC que contribuiu para o desenvolvimento da Adriana foi o Lamberti Acelera I, financiado pela multinacional de soluções químicas Lamberti e que teve foco em empreendimentos geridos por mulheres, com "objetivo de gerar condições de alavancagem, escalabilidade [...] por meio de aprimoramento tecnológico, comércio eletrônico e capital-semente".

Com essas oportunidades, Adriana se descobriu empreendedora de impacto social, pois, além de publicar e vender livros de seu filho — uma pessoa com deficiência —, já entregava palestras sobre autismo gratuitamente em escolas e outros lugares, mas só enxergou esse potencial mediante a formação que encontrou na Aventura de Construir. Aprender sobre fluxo de caixa, precificação e outras tantas ferramentas, voltar a se comunicar e reencontrar a credibilidade em si foi um presente que Adriana recebeu com alegria. Logo, pôde se candidatar ao empréstimo coletivo. Recebeu o valor solicitado e imprimiu mil livros — ponte para mais palestras, mais informação e mais trabalho. Nascia a ABarros Editora Inclusiva e seu Projeto Esperança de um mundo inclusivo. Ainda em processo de estudos, o empreendimento de Adriana recebeu um investimento de um empresário do ramo de calçados que participou de um evento específico da AdC e se sensibilizou com a editora, oferecendo a impressão de mil unidades do segundo livro de seu filho.

Desde 2018, ano em que chegou à Aventura de Construir, até hoje, a ABarros Editora publicou pouco mais de cem livros de autores com e sem deficiência, profissionais da saúde e da educação que escrevem sobre o tema, além de outros títulos; ministrou quase meia centena de palestras; e o filho da Adriana... bem, o Arthur, tornou-se recordista brasileiro: o mais jovem autor autista a publicar e membro de honra da Academia de Letras, Artes e Cultura do Brasil. Aos 19 anos, é autor de nove livros, ilustrador de seis obras para outros autores, tem participação em programas de televisão de expressão nacional, saiu em jornais e revistas. Tornou-se palestrante, e sua carreira de sucesso tem como ponte o sinal de esperança de vida de qualidade para pessoas autistas, com outras deficiências e para seus familiares.

O marido da Adriana passou a trabalhar em tempo integral na editora da família depois de realizar alguns cursos na AdC. Agora juntos, os três têm conseguido estabelecer a ABarros como uma editora de nicho que atua em grande parte do território nacional, sendo a única fonte de renda e de sustento para a família.

PROJETOS

É desejo da ABarros Editora Inclusiva:

· Estabelecer um contingente de parceiros ilustradores e revisores de texto que sejam pessoas com deficiência. Realiza alguns trabalhos nesse formato, mas deseja ampliar;

· Estar presente nas plataformas digitais de vendas mais expressivas do país;

· Estabelecer parcerias vantajosas com centros de distribuição e logística que operem venda e entrega de seus livros;

· Preparar o Arthur, o filho, para que alcance o máximo de autonomia como pessoa, cidadão e profissional; e

· Continuar a relação de aprendizado, troca e amizade com a Aventura de Construir.

Conheça mais o empreendedorismo de Adriana acessando o QR code pelo seu celular!

Roteiros do Velho Chico

Leidson Nunes é o fundador da Roteiros do Velho Chico (RVC), primeira agência de turismo receptivo em Itacarambi/MG. A empresa atua na região norte de Minas Gerais, oferecendo roteiros ecoturísticos ao longo do Rio São Francisco, alguns deles junto às comunidades locais. Promovendo o turismo de forma sustentável, a agência revela a beleza exuberante da natureza e a riqueza sociocultural da região.

A paixão pela natureza e o interesse pelas pessoas que vivem seu dia a dia às margens do Rio São Francisco, na região norte de Minas Gerais, sempre estiveram presentes na vida de Leidson Nunes, morador da cidade de Itacarambi. A curiosidade levou-o a matricular-se num curso de espeleologia e a descobrir um mundo fascinante. Estudando, mapeando e explorando as cavernas do Parque Nacional Cavernas de Peruaçu, ele se tornou uma referência para pesquisadores e para os poucos turistas que visitavam a região. Trabalhando como guia, Leidson conheceu a diversidade dos atrativos naturais (cavernas, cânions, matas ciliares) e a rica cultura das comunidades locais. Decidir fazer um curso superior na área de turismo veio consolidar o caminho profissional que ele estava começando a trilhar. A experiência no trabalho de gestão de uma unidade de conservação estadual ampliou o conhecimento sobre o funcionamento do setor, sobre os recursos disponíveis na região, estimulou o relacionamento com comunidades tradicionais e sinalizou as possibilidades de crescimento do setor.

PROMOVENDO O DESENVOLVIMENTO LOCAL

Tudo isto levou o inquieto Leidson, em 2012, a criar uma agência de turismo visando oferecer roteiros turísticos no entorno do Parque Nacional das Cavernas do Peruaçu. Assim nasceu a RVC, imersa em esperança e enfrentando constantes desafios para começar a operar na região.

Desde 2012 a RVC já proporcionou a descoberta dos encantos do norte de Minas Gerais para mais de mil pessoas. Por meio de roteiros turísticos de um a sete dias de duração, os visitantes adquirem uma média de 15 produtos locais em suas estadias, conhecendo e injetando dinheiro na região, por meio de roteiros elaborados e protagonizados pelas próprias comunidades.

Ao mobilizar as comunidades da região trazendo-as ao centro da elaboração dos produtos turísticos, Leidson cria condições para que as pessoas das comunidades locais se entendam como protagonistas dessa história e das vivências que os turistas experimentam — e voltarão a experimentar.

Ao longo dos anos, a agência movimentou organizações locais de pequenos produtores, envolvendo-os na construção de roteiros turísticos que geram um impacto real em sua renda e nas suas produções. Hoje, a agência conta com sete associações parceiras de comunidades do entorno do parque nacional, que contabilizam mais de 40 pessoas impactadas.

O objetivo da RVC, como afirma Leidson, "é transformar o potencial turístico em produto turístico, produto que vai gerar renda e valor para essas pessoas. E construímos isto escutando as lideranças comunitárias".

Apesar de englobar municípios com baixo IDH, a região norte de Minas Gerais apresenta uma grande riqueza cultural e ecológica. Além dos vários atrativos naturais, tais como parques, cavernas, cânions, o território é habitado por diferentes populações tradicionais: são comunidades de vazanteiros, indígenas, quilombolas, veredeiros e geraizeiros, que vivem às margens do Rio São Francisco e possuem um conhecimento profundo dos biomas, dos ciclos do rio, técnicas de produção agrícola e tradições culturais. "Estas comunidades tradicionais possuem muitos saberes, fazeres, histórias e isto pode ser convertido em produto turístico, mas é preciso ajudá-las, orientá-las para que isto possa acontecer", complementa Leidson.

Transformar o potencial turístico destas comunidades em produto é parte essencial do trabalho da RVC. Assim aconteceu no município de Cônego Marinho, famoso pela produção de cerâmica de Candeal, um trabalho familiar centenário, fruto da influência indígena e quilombola. Embora a cerâmica de Candeal fosse conhecida pela qualidade e originalidade, a tradição de produzi-la estava desaparecendo, pois as novas gerações não se apropriavam mais deste conhecimento ancestral.

Em parceria com outra organização, a RVC desenvolveu um roteiro para a associação de mulheres ceramistas, que hoje recebem os turistas por conta própria, conseguem precificar seus produtos e oferecem três tipos de oficinas de cerâmica aos visitantes que desejam conhecer de perto o modo de vida e o ofício das ceramistas.

Desta forma, a experiência turística de Leidson deu origem a um novo serviço: a consultoria em levantamento de potencial turístico. Inicialmente, faz-se uma prospecção das áreas de interesse turístico, avaliando o potencial das atrações para que sejam desenvolvidos produtos turísticos. A RVC entrega então um relatório com informações e recomendações de ações necessárias para a conversão do atrativo em produto turístico.

NOVOS HORIZONTES

O contato com a Aventura de Construir teve início em 2019, por intermédio da amiga dona Nininha. Dedicada à produção artesanal e grande liderança social, a moradora de Itacarambi viu o edital de um projeto e incentivou Leidson a participar.

O projeto Crescendo em Rede desenvolvido pela AdC e financiado pelo Fundo ISC tinha como objetivo democratizar os conteúdos sobre negócios de impacto social, promovendo a capacitação dos empreendedores e oferecendo, como prêmio aos melhores projetos, um capital-semente.

Por meio dos cursos de formação e assessorias individualizadas oferecidas ao longo de vários meses, o projeto do RVC foi tomando forma: o plano de negócios foi estruturado e, ao fim do processo, Leidson foi um dos selecionados para receber o capital-semente. Isso deu grande impulso ao seu negócio, e a participação não acabou aí. Ele envolveu-se em outros projetos e participou de resenhas, que fortaleceram ainda mais sua jornada.

As ferramentas fornecidas pela AdC (usadas até hoje) ajudaram na elaboração do plano de negócios, na organização de projetos, no planejamento, na precificação e em toda a parte financeira.

Leidson considera que o acompanhamento oferecido pela AdC foi essencial para enfrentar o período da pandemia e estruturar a RVC. Em sua opinião, o maior ganho foi a compreensão adquirida sobre o posicionamento no mercado, que permitiu a ele comunicar com clareza o alcance socioambiental de sua agência.

O FUTURO?

Leidson não tem um sonho, mas uma certeza:

> "Eu acredito que o turismo é uma atividade econômica que pode transformar para melhor a realidade socioeconômica regional. Nossa região tem os IDH mais baixos do Estado, por isso é preciso compreender como o turismo pode se inserir, ainda que de forma incipiente, e alavancar o desenvolvimento local".

Além disso, para Leidson,

> "[...] o turismo tem a função social de educar e levar conhecimento. Quem vem de fora traz uma bagagem cultural e também aprende com quem mora aqui. Há uma troca cultural poderosíssima. Em geral, quem mora aqui se dá conta de seu valor só ao perceber o interesse que despertam nos visitantes".

Desta forma, as comunidades são transformadas — por elas mesmas — ao receberem esses turistas, que se encantam com o estilo de vida local, artesanatos e quitutes.

Por fim, podemos dizer que a AdC teve a satisfação de colaborar para que Leidson pudesse estruturar a RVC. Não se trata apenas de um empreendimento turístico pioneiro na região, mas da concretização de um propósito de vida: valorizar o potencial de riquezas naturais e socioculturais da região e gerar impacto social, contribuindo para o desenvolvimento de seu território e sua gente.

Conheça mais o empreendedorismo de Leidson acessando o QR code pelo seu celular!

PEDALE-SE

A Pedale-se surgiu por iniciativa de **Rogério Rai,** no extremo leste de São Paulo, criando roteiros e passeios ciclísticos que revelam o patrimônio histórico e cultural desse território. Por meio de diversas atividades, a Pedale-se procura difundir na cidade, a cultura de mobilidade e autonomia por meio do uso da bicicleta como meio de locomoção.

Rogério Rai não gosta de ser classificado como empreendedor. Ele é o fundador da Pedale-se, um coletivo que oferece serviços de autonomia e promove a cultura da mobilidade por meio do uso da bicicleta na cidade.

Sua parceria com a bicicleta vem de longa data, pois no local onde mora (extremo leste da cidade de São Paulo), a bicicleta é um meio de transporte muito utilizado pela população no dia a dia.

Durante o período em que cursava a faculdade de História, Rogério se sustentou vendendo bicicletas e depois trabalhou por algum tempo como entregador, percorrendo as ruas da cidade e conhecendo bairros distantes de onde morava.

Em 2019, ele fez um curso sobre “viver com a bicicleta”, que o levou a refletir sobre o uso da bicicleta além dos fins de semana, considerando-a como um meio de promover mobilidade e autonomia.

Rogério começou a pensar em um projeto nesta área, mas com a chegada da pandemia precisou redirecionar sua atenção para outras atividades, enquanto amadurecia a ideia.

A paixão pela bicicleta, as perspectivas de mobilidade e a conexão entre as pessoas, além dos benefícios sociais e ambientais que ela oferece, levaram-no a se tornar um ativista e a participar de organizações da sociedade civil que promovem o ciclismo. Isso lhe proporcionou uma compreensão mais ampla sobre o uso da bicicleta em grandes cidades, incluindo seu contexto político.

UM HISTORIADOR DA CIDADE

O projeto tomou a forma atual em 2021, impulsionado pela história e pelo ciclismo. O interesse por história e a paixão por pedalar levaram Rogério a criar um roteiro em sua região. Pedalando, as pessoas podem passear e explorar locais que contam a história de seus bairros, descobrindo patrimônios históricos e culturais, como a Igreja de São Miguel Paulista (Capela de São Miguel Arcanjo), construída por volta de 1580 em um aldeamento indígena.

Rogério defende a ideia de que "podemos ser turistas na própria cidade, sobretudo na periferia, onde há uma rica produção de conhecimentos". E ressalta: "São Paulo é maior que a região central e os bairros contam a história da cidade".

PEDALANDO SE VAI AO LONGE

Chegar até aqui não foi fácil. Foram muitos acertos e erros até o formato atual.

Em 2023, Rogério já havia participado de várias assessorias sobre empreendedorismo no Galpão ZL, espaço de capacitação da Fundação Tide Setubal, no Jardim Lapenna. Neste período, a Pedale-se já era um projeto bem definido e estava em plena atividade.

No Galpão ele tomou contato com o trabalho da Aventura de Construir e decidiu participar do projeto Empreendendo com Causa e Geração de Renda e Trabalho, realizado em parceria com a Tide Setubal. O projeto tinha como objetivo colaborar para o crescimento e fortalecimento humano e profissional de microempreendedores de impacto socioambiental do Jardim Lapenna.

Durante as assessorias da AdC, Rogério compreendeu melhor as características de seu projeto, principalmente em relação ao trabalho necessário para a captação de recursos.

Ele destaca que o acompanhamento que recebeu na AdC, atento à sua situação pessoal e às suas necessidades, ajudou-o a utilizar novas ferramentas e ensinou-lhe um método de trabalho. Desta forma, ele conseguia manter a percepção do momento em que estava em relação a meta de chegada e aprimorar seu plano de negócios.

Atualmente, a Pedale-se atua em quatro setores: roteiros, passeios, educação para crianças e workshops.

Os roteiros são cuidadosamente elaborados e baseiam-se em pesquisas e mapeamentos conduzidos por especialistas (historiadores, geógrafos) de acordo com demandas específicas.

Os passeios seguem itinerários predefinidos que exploram as regiões de São Miguel, São Mateus e Jardim Helena. Todos os passeios são oferecidos gratuitamente, financiados por empresas, instituições públicas ou privadas, tais como o SESC, FGV, entre outras. Rogério destaca que atualmente há 15 roteiros em preparação, com passeios que variam de rotas litorâneas até Guarulhos.

Ensinar crianças a pedalar é outra atividade. Com uma abordagem adaptada a cada faixa etária e de forma lúdica, as crianças aprendem a pedalar e recebem noções de sinalização e condução da bike.

Além destas atividades, a empresa realiza workshops sobre temas ligados à mobilidade ativa, sobretudo envolvendo o uso da bicicleta.

DIREITO À CIDADE

Hoje, contando com a colaboração essencial do amigo João Santos, Rogério dedica-se à coordenação do trabalho, à criação de roteiros, à divulgação e captação de clientes. Ele enxerga grandes possibilidades de crescimento, pois seu objetivo não é alcançar os ciclistas, que representam só 0,5% da população, mas sim a grande maioria da população. Como ele afirma, “temos 95,5% da população para começar a pedalar”.

Em junho, ele esteve presente na Conferência Velo-City, na Bélgica, o maior evento mundial de mobilidade por bicicleta, em que pôde conhecer experiências sobre mobilidade urbana em diferentes países.

“Voltei da Europa pensando que a questão não é sobre a bicicleta, mas sobre o direito à cidade, algo que eu já estava refletindo”. Trata-se de pensar a cidade como um todo.

"É preciso pensar que as ruas, as calçadas devem ser acessíveis a todos os públicos (pessoas com deficiência, por exemplo) servindo a todos os que habitam a cidade e desenvolver um desenho das vias pensando no coletivo".

E por onde começar? Rogério arrisca: "Eu não posso dizer às pessoas que elas têm que pedalar e abandonar o carro numa cidade que é pendular, mas eu posso propor que ela vá à padaria de bicicleta, e aí mudar as ruas e mudando as ruas você, aos poucos, muda outras coisas".

E assim, de pedalada em pedalada, pessoas como Rogério vão gerando transformações. Ao propor mudanças de comportamento, a Pedale-se nos ensina a enxergar, a pensar e viver a cidade de forma diferente, formando novos roteiros a serem percorrido, cujos impactos iremos acompanhar ao longo do tempo.

Conheça mais o empreendedorismo de Rogerio acessando o QR code pelo seu celular!

CICLOLOG

Everton Silva é gestor da CicloLog, que oferta serviços de ciclologística e comunicação na zona leste de São Paulo. Com base em sua *expertise* adquirida em projetos que liderou e participou em comunidades apontadas como altamente violentas, programas de arte em hospital psiquiátrico e vivências em catástrofes como o de Mariana[1], Everton mantém seu olhar voltado para o desenvolvimento sustentável humano e ambiental.

Foi na infância que Everton iniciou suas inquietações em razão das divergências entre o que as políticas sociais brasileiras visam oferecer e a realidade do contexto em que vive uma criança nas regiões periféricas.

O Sistema Brasileiro de Proteção Social (SBPS) foi instituído com propósito de melhorar o nível de condições de vida, tendo como meios para esse fim a implementação de sistemas de transferência de renda, saúde, previdência/assistência social, habitação/urbanismo, saneamento básico, trabalho e renda, educação, desenvolvimento

[1] Em 05/11/2015, rompeu-se a barragem do Fundão, propriedade da mineradora Samarco, despejando mais de 60 milhões de metros cúbicos de rejeitos de minério de ferro. Considerado o maior desastre ambiental da história do Brasil, o acidente deixou mortos, destruição e poluição em proporções surpreendentes.

rural, bem como a atenção a questões de idade, gênero, etnia, grupos identitários, considerando o contexto brasileiro e internacional.

Entretanto, o SBPS não tem alcançado seus objetivos, permitindo que a região onde Everton cresceu fosse considerada, por um tempo, como uma das mais violentas — "a quebrada das quebradas" —, mas foi na escola do bairro, apesar da presença de grupos rivais e suas expressões de ódio, que ele teve contato com livros e conversas com um professor em especial que o levaram a desenvolver um entendimento sobre políticas sociais. Inicialmente, essa nova concepção o conduziu a uma gangue *punk* e depois à decisão de adquirir conhecimento para criar "possibilidades de combater o mal de uma maneira inteligente".

Depois de Everton internalizar os fatos da reintegração de posse mais violenta do estado, a de Pinheiros dos Palmares, em São José dos Campos (2012), um ano depois a cidade de São Paulo registrou as temperaturas mais baixas em 70 anos. Por esta razão, Everton criou o projeto social Sociedade Orgânica Múltiplos Amores (o Soma), que fornecia cobertores e marmitas para moradores em situação de rua. Mais tarde, realizou eventos socioculturais com o Soma, seguindo por dez anos, agregando, até mesmo, um programa de rádio.

Dentro desse período, ele experimentou viagens e participações em outros projetos. Um deles foi o Afeto Totalizador, que aconteceu dentro de uma ala de um hospital psiquiátrico no Rio de Janeiro, com trabalhos de um jornal coletivo, o *Reorganize*, e teatro, protagonizados pelos internos. Na mesma época, atendia algumas crianças no Morro do Dezoito, onde o odor de corpos derrubados pelos fuzis e a subida e descida do "caveirão" ficaram marcados em sua memória.

Logo depois, seguiu para Mariana, Minas Gerais, devido à catástrofe do rompimento da barragem no ano de 2015. Naquele lugar, iniciou o contato com a bicicleta, já que o projeto em que atuou abrangia pedalar pelo caminho do "monstro da lama e do caos", proporcionando contato com os atingidos, entregando esperança em forma de atividades voltadas a cuidados ambientais, entre outras. O projeto trouxe também vínculos afetivos com as crianças locais, estendidos para outros trabalhos com crianças e jovens em situação de vulnerabilidade que viviam em regiões de alto índice de violência doméstica em São

Paulo, no bairro de São Miguel Paulista e em Guarulhos, no bairro dos Pimentas.

Vale ressaltar o trabalho que Everton realizou difundindo informações e ensino sobre bioconstrução, que consiste na preocupação da presença da ecologia em todo o processo, passando pela idealização, construção, chegando até a ocupação e da permacultura, que significa cultura permanente — um sistema de planejamento de ambientes humanos sustentáveis.

Voltando para São Paulo, Everton passou por um longo período de autorrecuperação. Além do desgaste físico e emocional, havia quebrado a clavícula andando de skate. Experimentou apoio, companheirismo e oportunidade de trabalho na CicloLog.

TEMPO COM A AVENTURA DE CONSTRUIR

Em 2023, a Aventura de Construir iniciou o projeto Empreendendo com Causa e Geração de Renda e Trabalho, apoiada pela Tide Setubal e focada no fortalecimento e crescimento de negócios de impacto socioambiental no Jardim Lapenna, bairro da região da CicloLog, viabilizando a participação de Everton.

Com duração de 45 semanas, o Empreendendo com Causa proporcionou um caminho de conscientização e formação qualificada, no intuito de empoderar os empreendedores participantes até que implementassem ou melhorassem seus planos de negócio, consolidando, assim, cada jornada empreendedora. Como parte desse projeto da AdC, durante o curso foram trabalhados assuntos como o fortalecimento humano e profissional; condições de vida e trabalho; economia local e criação de rede para sustentabilidade dos negócios — temas relevantes que se somam às intenções de Everton para a CicloLog em suas ofertas de possibilidades de transformação de vidas, de um espaço de experiência profissional para jovens iniciantes ao mundo do trabalho e um local de aprendizado, crescimento e autonomia.

Outra ferramenta que traz um grande diferencial para esse projeto em particular é a Construção Coletiva do Conhecimento: neste, mediante conversas, os próprios empreendedores encontram respostas sustentáveis aos problemas e desafios de seus negócios, fortalecendo até mesmo o entendimento da realidade de cada empreendimento. Com base nesses encontros, e considerando suas vivências, Everton explica que a CicloLog é um negócio de ciclologística com o olhar para a diversidade, a equidade de gênero, o respeito à pessoa que está na bike na oferta de Equipamentos de Proteção Individual (EPI), de protetor solar e água, com horário de trabalho humanizado; utilização de bicicletas novas, com autorização de uso para colaboradores resolverem assuntos pessoais e terem local seguro para descanso, e que dessa forma norteia seu crescimento e expansão sem exploração de pessoas. No tocante à comunicação, a CicloLog atua no combate ao racismo ambiental e à desertificação de informações em territórios de periferia, com a difusão de notícias de viés combativo.

E PARA O FUTURO...

A intenção de Everton para o futuro da CicloLog é a captação de mais recursos para garantir sustentabilidade, continuar com a parceria da Tide Setubal e se tornar referência como negócio de impacto social, ambiental e financeiro.

Almeja a expansão da marca, tornando-se presente em outras regiões da cidade, fortalecendo sua autonomia para, em breve, poder "pedalar com as próprias pernas".

Everton preparando a bike-som para mais um giro de informações na quebrada do Jardim Lapena.

Conheça mais o empreendedorismo de Everton acessando o QR code pelo seu celular!

BOUTIQUE TAQUARIANO

Shirlei Nunes é representante e revendedora de semijoias desde 2022. Atualmente lidera um grupo de 41 vendedoras, promovendo autonomia, conquista e o brilho que toda mulher merece reluzir. Natural de São Paulo capital, sua história contempla superação, renascimento e reinvenção.

Foi pela perda do pai que Shirlei, junto a sua mãe e seu irmão, experimentou a primeira grande mudança de vida. Eles se mudaram para um terreno da prefeitura, onde havia uma comunidade estabelecida, uma favela. O impacto veio reverberar na vida escolar de Shirlei, que desistiu dos estudos com apenas 15 anos. Aos 17, constituiu família, dedicando-se ao lar, já que seu marido e sua mãe entendiam que o espaço dentro de casa seria seguro para ela, que tinha passado a apresentar crises de pânico e ansiedade, recebendo tratamento por um longo período, depois de sofrer um assalto.

Por meio de trabalhos como babá e de faxina, ela alcançava alguma renda, permanecendo, porém, o maior tempo possível dentro de casa cuidando da filha, mas experimentando grande fragilidade emocional, acarretando baixa autoestima a ponto de não se sentir digna de acompanhar o próprio marido fora de casa. Shirlei acreditava que não tinha valor.

NOVA PERDA, NOVOS DESAFIOS

Shirlei e o marido construíram uma casa e a venderam com intenção de adquirir um terreno maior e melhor. Entretanto, assim que pagaram pela compra, o vendedor desapareceu, deixando-os sem o dinheiro e sem o terreno.

Ela acrescentou o sentimento de culpa a suas crenças sobre si mesma, dizia "eu não presto para nada e ainda prejudico minha família". Mediante tanta infelicidade, desenvolveu nova crise de pânico e decidiu por terminar com sua vida. Foi naquela situação que Shirlei se lembrou de Deus e em oração pediu por uma oportunidade, uma chance de vida, prometendo que faria sempre o melhor de si, em gratidão a Ele.

Quinze dias depois, Shirlei estava trabalhando em uma empresa multinacional como faxineira. Incentivada por sua promessa e colegas que insistiam em elogiá-la, passou a desenvolver-se. Voltou para a escola pelo programa Educação de Jovens e Adultos (EJA), recuperando 20 anos de abandono, alcançando a conclusão do ensino fundamental. Matriculou-se em uma Escola Técnica Estadual (ETEC) e formou-se como técnica em Segurança do Trabalho. Igualmente, recebeu grande apoio por parte dos colegas de sala durante o curso.

"ENCONTREI AS SEMIJOIAS"

Diante de novos caminhos e desafios, por vezes Shirlei achava que não daria conta de atender toda a demanda, então começou a trabalhar com semijoias, que surgiram como uma forma de terapia e ferramenta de escape.

Ao mesmo tempo, crescia dentro da multinacional, onde já exercia a função de auxiliar de laboratório, ainda que fosse a única funcionária sem um segundo idioma. Participava de reuniões online com pessoas de outros países e, devido a isso, a necessidade de um curso para incrementar seu desenvolvimento pessoal fez-se urgente.

Seu trabalho com semijoia exigia visitas a revendedoras. Em um desses encontros, observou um lindo banner de uma de suas parceiras. Encantada, desejou ter um material como aquele para divulgar seu trabalho e perguntou como sua colega o havia conseguido, ao que ela respondeu: "Este banner veio de um curso que fiz. Além de ter sido de graça, foi exposto em várias estações da linha amarela do metrô". Shirlei pediu informações para saber mais sobre esse curso.

A AVENTURA DE CONSTRUIR: UMA NOVA SHIRLEI

Inscrita nos projetos Decisão Empreendedora e Decidindo para Crescer, financiados pelo Instituto SYN com objetivo de formação para tomada de decisão assertiva, valorosa e estratégica, ela passou a receber assessorias individuais que visavam uma jornada humana e empresarial, ressaltando uma sistematização de mudanças que surpreendeu Shirley com o entendimento de que tinha um empreendimento nas mãos, algo que poderia gerar renda para ela. Com o primeiro plano de negócios, ela começou a enxergar sua potencialidade e se apaixonou pelo trabalho com semijoias.

Durante o período de um ano, conciliou as atividades e exigências de seu cargo na empresa onde trabalhava, no regime CLT[2], com seu empreendimento de semijoias. A partir dos aprendizados adquiridos com os cursos da AdC, passou a ter maior organização e a ver a si própria como uma empreendedora. O dinheiro, que antes saía sem que Shirlei percebesse, passou a ser controlado, trazendo ganho e uma satisfação maior. Trouxe também a percepção de que talvez não fosse mais possível atuar nos dois mundos: na multinacional e em seu empreendimento.

2 Consolidação das Leis Trabalhistas no Brasil, que regem os contratos com direitos e deveres do trabalhador e da empresa contratante.

Foi um momento marcante, em que ela própria passou a enxergar duas de si. Uma que duvidava de tudo, que não acreditava em si e em nada, que escolheu desistir. Outra confiante, que acredita que as coisas dão certo, que aprende, que se desenvolve e multiplica oportunidades. Era hora de decisão. Shirlei solicitou o desligamento da multinacional, despediu-se com grande sentimento de gratidão e empregou seu esforço em seu empreendimento próprio.

Hoje, Shirlei sente alegria em ser uma empreendedora que conhece seu negócio e que impacta a vida de outras mulheres com oportunidades. Ela cumpre sua promessa em realizar todas as coisas entregando o melhor de si, não para impressionar, mas como atitudes de gratidão. O reconhecimento chega sempre em forma de surpresa, como quando as antigas colegas da multinacional a convidaram para um novo momento de despedida: ao chegar ao encontro, recebeu um notebook de presente para usar em seu negócio.

Ela e o marido conseguiram adquirir o terreno que tinha sido roubado. É deles! E, como surpresa maior, tanto o marido como sua mãe declaram: "Sinto muito orgulho de você!"

PROSSEGUINDO PARA O FUTURO

Shirlei deseja continuar a participar dos projetos da Aventura de Construir, pois entende que a AdC oferece cursos que dialogam com sua realidade.

Quer expandir sua equipe de revendedores na Boutique Taquariano, aumentar o retorno financeiro e investir em treinamento.

Pretende concluir um curso técnico em Meio Ambiente, visando alcançar um diferencial que expresse a união do trabalho com semijoias e o cuidado com meio ambiente; uma ideia é a compra de embalagens feitas de material reciclado para distribuir entre sua equipe.

Deseja melhorar o desempenho em sua rede social, realizando vídeos para se comunicar com seu público.

Shirley, orgulhosa, mostrando o seu novo expositor de semijoias.

Conheça mais o empreendedorismo de Shirlei acessando o QR code pelo seu celular!

ALUTHAICO

Júlio Petrucci é engenheiro mecânico, atua no campo da construção civil com esquadrias de alumínio. Fundou a Aluthaico com base em conhecimento, expertise e respeito ao trabalho — valores refletidos em beleza e elegância nas edificações comerciais de grandes cidades.

Foi em uma das maiores indústrias metalúrgicas de alumínio do Brasil que Júlio iniciou sua carreira, ainda na adolescência. A empresa tinha endereço na Casa Verde, zona norte da cidade de São Paulo, vizinha à casa de seus pais. Na época, era comum que empresas recrutassem jovens da região onde atuavam, contratando no regime CLT e proporcionando oportunidade de desenvolvimento profissional. Assim que ingressou na metalúrgica, rapidamente Júlio começou seu trabalho como menor aprendiz e, ao deparar-se com desenhos de esquadrias feitos em folhas de tamanho gigante, entendeu que estava no caminho certo.

Júlio havia concluído o curso de desenho mecânico e, por essa razão, logo foi para o departamento de engenharia na metalúrgica, desenvolvendo-se como projetista. Lá, atuou também no departamento técnico, na fábrica e em obras, consolidando experiências por 18 anos. Durante este período e com o crescente interesse pelo ramo, escolheu graduar-se em Engenharia Mecânica pela Universidade de Mogi das Cruzes, ainda que sua grande inclinação para o desenho o fizesse considerar uma formação como arquiteto.

Após deixar a metalúrgica, Júlio ingressou em uma construtora multinacional de origem alemã que buscava um engenheiro com experiência em esquadria, onde permaneceu por dez anos, desenvolvendo, além do trabalho com esquadrias, atividades com equipamentos, propiciando conhecimentos da engenharia civil.

Munido de grande bagagem, aceitou o convite de seu irmão mais novo para uma sociedade. Ele havia criado uma empresa de engenharia de consultoria em esquadria de alumínio. O empreendimento obteve sucesso, alcançando o patamar de uma das três melhores do Brasil. Júlio permaneceu por 12 anos fazendo uso de seu know-how, somado a seu apreço pelo desenho, consolidando as informações geradas por arquitetos, engenheiros de hidráulica, de concreto, ar-condicionado, elétrica, esquadrias e outras divisões para atender aos clientes de incorporação e construção.

Apesar do bom desempenho na consultoria, ele sentia falta de estar mais envolvido no dia a dia dos projetos, inclusive naqueles que viriam transformar regiões tradicionais da cidade de São Paulo, alvo de olhares de admiração e encantamento. Durante o tempo dedicado à construtora, Júlio pôde experimentar o que chama de “mão na massa”; na consultoria, seu trabalho estava para o projeto, a gestão e a entrega do planejamento; não fazia visita à obra, não acompanhava a produção, e por estas razões surgiu a ideia de montar sua própria empresa de esquadria.

Por ter um excelente relacionamento com os construtores, os incorporadores e o próprio pessoal da empresa onde estava, Júlio passou a comentar sobre sua ideia de abrir uma empresa e recebeu muito *feedback* positivo.

NA AVENTURA DE CONSTRUIR: SEU EMPREENDIMENTO

Animado com as respostas, Júlio começou a se movimentar para a criação de sua empresa. Passou a enviar propostas e participar de licitações na época pós-pandemia. Em 2023, já com o nome Aluthaico em mente, Júlio tinha três projetos para tocar e uma empresa para montar.

Habituado a valorizar a família, sendo casado e pai de dois filhos, foi por meio de um sobrinho arquiteto, que estuda e atua fora do país na área de gestão e que conhece a Silvia Carioni da AdC, que Júlio soube da possibilidade de obter orientação para montar o seu plano de negócio.

A partir do primeiro contato com a Aventura de Construir, foi estabelecido o aceite da proposta e do desafio de trabalhar com uma empresa que apresenta parâmetros diferenciados ao que a AdC atende. Depois de estabelecidos escopo e time de trabalho, os esforços foram direcionados para que o plano de negócios da Aluthaico compreendesse aspectos imprescindíveis para uma empresa que atua no mercado de construção civil com esquadrias de alumínio — sustentabilidade, planejamento e controle foram temas apresentados no tocante a ambiente, finanças e normas, sem esquecer o âmbito social.

Tanto o projeto de criação do plano de negócio quanto a execução resultaram em grande sucesso, já que atingiu os objetivos e gerou um relacionamento duradouro entre as partes.

Ao criar um desenho técnico, Júlio preocupa-se em fazê-lo compreensível para cada profissional que o tiver em mãos.

Traçando linhas para o futuro da Aluthaico, ele almeja ter uma empresa diferente, que cuide mais das pessoas, com um lado social importante, que ofereça benefícios e valorize seus colaboradores, sendo um bom lugar para se trabalhar.

Júlio quer que seu empreendimento alcance resultados financeiros e seja reconhecido pelo alto nível de qualidade técnica que a Aluthaico detém, qualidade esta advinda de uma carreira pautada no respeito, na busca por conhecimento e excelência.

PLANOS

> "O desenho é uma forma de comunicação muito poderosa".

Conheça mais o
empreendedorismo de
Julio acessando o
QR code pelo seu celular!

MENINA SABORES

Michelle Aparecida da Cruz é a fundadora da Menina Sabores, empresa familiar dedicada à fabricação de licores, compotas, geleias e doces com base em receitas tradicionais de famílias quilombolas remanescentes. A produção artesanal promove o aproveitamento integral dos alimentos e resgata a cultura ancestral de seus antepassados.

A inspiração para a Menina Sabores veio de muito longe. Os ingredientes vindos da roça e a comida feita no fogão à lenha sempre estiveram presentes na vida de Michelle Cruz, professora residente em Diadema/SP, descendente dos fundadores da comunidade quilombola de Ribeirão Preto, no município de Guidoval/MG.

Em 2020, após o nascimento de seu segundo filho, enfrentando dificuldades pessoais e financeiras, Michelle começou a fazer os doces que aprendera em casa. No início, as deliciosas cocadas, doces de leite e amendoim, com seus sabores que despertavam lembranças afetivas, eram destinadas a presentear os colegas, mas logo começaram a surgir encomendas e ela passou a vender os doces na escola em que trabalhava.

Assim nasceu a empresa Menina Sabores, cujo nome traz à tona aromas e sabores que marcaram a infância da menina Michelle.

UM CONHECIMENTO ANCESTRAL: COMIDA COM AFETO E TRADIÇÃO

A imagem da mãe e da avó cozinhando no fogão à lenha permaneceu na memória de Michelle: "Sempre lembro como elas ficavam felizes em fazer a comida e servi-la. Era uma forma de demonstrar o amor que sentiam por nós. Eu sentia o amor delas através da comida. Percebi que sentia a mesma satisfação que meus antepassados ao preparar a comida".

Com coragem e sem nenhum investimento inicial, ela deu início à fabricação de doces e licores, reaproveitando as frutas que cresciam em seu quintal, contando com a ajuda da mãe na cozinha e do pai na produção e coleta dos insumos.

Grande parte dos ingredientes utilizados na preparação de geleias e licores vem do quintal de sua casa, onde crescem árvores frutíferas de mexericas, bananas, jabuticabas, pitangas e amoras, cultivadas organicamente com métodos tradicionais, como adubação natural e técnicas quilombolas. Além disso, alguns ingredientes são comprados de pequenos agricultores, incentivando a agricultura familiar.

As receitas também vieram de um passado distante, mas a ajuda da mãe e a consulta à tia foram fundamentais para aperfeiçoar a técnica da fabricação de doces, licores e compotas. Durante uma visita à comunidade quilombola, novas receitas da família foram incorporadas, resgatando e preservando a cultura ancestral.

APRENDIZADOS

Quando as vendas começaram a crescer e Michelle conseguiu uma renda extra, ela compreendeu a importância de aprender a administrar o negócio que iniciava. Mesmo vendendo os produtos, o lucro não aparecia.

Em busca de conhecimento, ela realizou alguns cursos online, porém logo percebeu que isto não era suficiente para lidar com as exigências de um empreendimento. Era necessário um acompanhamento individualizado e contínuo para compreender melhor a realidade de seu empreendimento e o contexto do mercado, de modo a superar os obstáculos e desenvolver o potencial de seu negócio.

O encontro com a AdC proporcionou esta capacitação e foi o início de uma grande mudança. Em 2022, Michelle participou do projeto Protagonistas que Plantam Sustentabilidade, patrocinado pelo Ministério da Cultura e pelo Carrefour. O projeto tinha por objetivo incentivar o empreendedorismo orgânico, oferecendo formação a 30 empreendedores, culminando com a participação em um documentário sobre o tema.

Segundo Michelle, as orientações e o acompanhamento da AdC e o incentivo do banco BTG foram um divisor de águas em sua vida.

Por meio do BTG, ela teve acesso a formações em diferentes áreas, o que ampliou suas oportunidades de negócios. Além disso, ao entrar em contato com a AdC, ela passou a enxergar a Menina Sabores como um empreendimento, e não apenas como uma fonte extra de renda. Depois da AdC, ela formalizou a empresa: obteve o CNPJ, registrou-se como MEI e adquiriu conhecimentos sobre gerenciamento. Aos poucos, superou seu maior desafio, isto é, aprendeu a lidar com a parte financeira e a precificar os produtos. Desenvolveu um o plano de negócios, aprendeu como fazer a rotulagem (hoje possui cinco certificações), a utilizar as plataformas de e-commerce, desenvolver o marketing, a enfrentar o medo de falar para divulgar seus produtos e compreendeu a importância do networking para compartilhar conhecimentos e expandir suas oportunidades de crescimento.

Outro grande aprendizado foi sobre o valor das parcerias:

> "Quando comecei a fazer os cursos, percebi que algumas pessoas vendiam o produto em parceria e eu só vendia para o cliente final. Isto gerava estagnação, porque minhas vendas eram sazonais e eu precisava garantir um fluxo contínuo de vendas".

Michelle encontrou outros empreendedores que comercializavam seus produtos em diferentes espaços e começou a buscar parceiros. Uma parceria foi estabelecida para a criação da parte gráfica (rótulo) e do logo, cujo design foi elaborado por uma quadrinista. Ela identificou novas oportunidades em empresas que oferecem aos clientes kits para o Dia Internacional das Mulheres, lembrancinhas de fim de ano, e hoje mantém parcerias com estabelecimentos comerciais (restaurante, Casa do Norte, espaço de estética), com o banco BTG, e vende seus produtos numa plataforma de e-commerce, facilitando o envio para outros estados.

Atualmente a Menina Sabores possui cinco produtos certificados, contendo as tabelas nutricionais, e foi tema de reportagens, o que ajudou na divulgação.

TRANSFORMANDO E INSPIRANDO OUTRAS HISTÓRIAS

Michelle tem o sonho de transformar a vida de outras mulheres. "Eu acredito que a gente cresce quando vê outras pessoas em volta crescerem. Não adianta crescer sozinha, comprar uma casa em outro bairro e ver as pessoas daqui na mesma situação", afirma.

> "Meu desejo é expandir o negócio para empregar outras mulheres, mães solo, como eu, para que adquiram independência financeira".

Também planeja criar uma escola de culinária para transmitir seus conhecimentos, trazendo pessoas com formações diferentes, como confeitaria, por exemplo, e oferecer novas oportunidades para mulheres mais velhas, em geral diaristas, que, após uma vida inteira de dedicação, não conseguem colocação no mercado de trabalho.

Seu propósito é claro: "Tenho o objetivo de viver exclusivamente da minha marca (ainda preciso manter o emprego na escola em que trabalho) e trazer oportunidades de profissionalização e renda para outras pessoas".

Sua história de determinação e trabalho tem sido uma fonte de inspiração para muitas mulheres. São mães que se sentem encorajadas a sair de situações de abuso e dependência financeira, começando, assim como ela fez, a preparar em casa, com poucos recursos, brigadeiros e bolos de pote para vender.

Hoje Michelle se reconhece como uma empreendedora, protagonista de seu desenvolvimento.

Ela deseja honrar seus ancestrais, lembrando com gratidão o bisavô, um homem à frente de seu tempo. Após a abolição da escravidão, ele conseguiu se manter com empreendimento próprio, produzindo uma cachaça que se tornou famosa na região.

Michelle, a menina, descendente de quilombolas, não esqueceu suas raízes e, seguindo os passos do bisavô, traz até nós, por meio de muitos sabores, a força de seus ancestrais.

Conheça mais o empreendedorismo de Michelle acessando o QR code pelo seu celular!

OKÊ AVENTURA

A Okê Aventura, empresa fundada por **Diego Cruz**, é especializada em turismo de aventura e ecoturismo. Uma equipe experiente e qualificada busca proporcionar momentos únicos de contato com a natureza, disponibilizando pacotes personalizados para indivíduos ou grupos, sempre priorizando a segurança e a preservação ambiental.

Ao acessar o site da Okê Aventura, somos instantaneamente transportados para lugares distantes, onde paisagens deslumbrantes e de beleza indescritível nos convidam a embarcar em uma emocionante aventura para conhecer um pouco mais do nosso país.

Okê é uma palavra em iorubá que significa "montanha" e, segundo Diego Cruz, "é a essência de seu empreendimento e onde o sonho começou".

Apesar de a conexão com a natureza sempre ter feito parte de sua vida, Diego, trilheiro e montanhista, levou muito tempo para transformar sua ideia em um negócio sustentável, realizando o sonho de trabalhar junto à natureza.

Durante 12 anos, ele trabalhou na área de tecnologia, mas o ambiente de trabalho acabou afetando sua saúde, fazendo-o questionar seus propósitos. Era preciso realizar mudanças em sua vida e explorar novas possibilidades de trabalho, que levassem em conta sua personalidade, seus anseios e interesses. Por esta razão, em 2019, Diego tomou a decisão de sair do emprego e fundar a Okê Aventura.

Mais que oferecer uma viagem, a empresa, especializada em turismo de aventura e ecoturismo, busca proporcionar experiências personalizadas e significativas de contato com a natureza. Os pacotes de viagens são adaptados às necessidades e preferências individuais ou de grupos, valorizando sempre a segurança e a preservação ambiental.

Uma equipe experiente e qualificada por meio de cursos e treinamentos contínuos garante que a viagem se transforme numa experiência única, cuidando da segurança e do bem-estar dos viajantes. Os roteiros são cuidadosamente planejados para oferecer experiências inesquecíveis e sustentáveis, minimizando o impacto ambiental.

Além disto, a agência se destaca pelo compromisso com o meio ambiente e respeito às comunidades que habitam as regiões visitadas. Muitos roteiros atravessam regiões de mata habitadas por comunidades caiçaras ou ribeirinhas. Por isso os viajantes são orientados a adotar comportamentos que garantam a preservação da biodiversidade e o respeito à cultura das comunidades locais.

DA MONTANHA SURGE UM NEGÓCIO DE IMPACTO

Descobrir que sua empresa não era apenas uma agência de viagens dedicada a oferecer um bom produto como poderia ser um negócio de impacto social foi uma das descobertas que Diego fez após percorrer as trilhas oferecidas pela Aventura de Construir.

Ele conheceu a AdC por meio de uma Resenha Empreendedora, encontro mensal sobre temas de empreendedorismo, e logo identificou a oportunidade de iniciar um caminho para estruturar melhor o seu negócio.

Ao participar do projeto Avante Empreendedor, a equipe de coordenação enxergou na empresa de Diego o potencial para ser um negócio de impacto. Ele então foi convidado a participar do projeto de avaliação de impacto na periferia, coletando dados sobre o faturamento da empresa, o número de pessoas e empresas com as quais se relacionava.

Foi durante este processo que ele fez uma grande descoberta,

"[...] que meu negócio estava conectado a outros empreendimentos, não apenas de São Paulo, mas também a outros empreendedores. Foi uma surpresa perceber que mais de 60 pessoas estão diretamente conectadas ao meu negócio, formando uma rede que não tinha ideia que existia. Vi o quanto meu negócio causa impacto social e ambiental".

Além disso, ele compreendeu que o trabalho de conduzir as trilhas e de orientar os percursos estabelecendo regras para que a visitação cause o mínimo impacto possível contribui diretamente para a conscientização e educação ambiental.

Então Diego começou a se perceber como um empreendedor social, reconhecendo o impacto positivo de seu trabalho, não apenas na economia, mas também na sociedade e no meio ambiente.

APRENDIZADOS

Após participar do primeiro projeto, Diego percebeu a importância de um planejamento bem definido, essencial para estabelecer uma rotina pessoal e profissional, cumprir compromissos, alimentar as redes sociais e desenvolver cada área do negócio. Isto permitiu que ele estabelecesse metas claras para o crescimento da empresa.

As dificuldades então existentes, tais como precificar, estruturar os pacotes de serviços e manter o controle financeiro, foram enfrentadas com o auxílio dos assessores da AdC, ao longo dos projetos de que ele participou.

Em 2022 Diego integrou o projeto Realidade empreendedora III, patrocinado pelo Instituto SYN. O objetivo do projeto era fortalecer os negócios oferecendo uma formação humana e financeira, com ênfase na prática, capacitando os empreendedores para gerirem seus negócios de maneira cada vez mais autônoma. Por meio deste projeto, Diego pôde organizar a crescente demanda de trabalho, revisar as bases do seu negócio e, com isto, planejar novas ações.

No ano seguinte, ele inseriu-se no projeto Decisão Empreendedora, também financiado pelo SYN, com objetivo de desenvolver competências para a tomada de decisões estratégicas entre os microempreendedores, além de capacitar e apoiar a consolidação de redes e parcerias.

Era um momento crucial para definir os rumos de sua empresa; e, com o acompanhamento contínuo, assessorias individuais e coletivas, Diego pôde compreender sua situação e estabelecer objetivos claros. Em sua opinião, este processo foi fundamental para "ajudar a pensar de forma racional o próximo passo do meu negócio, já que eu costumava colocar muita emoção nas decisões e isso em grande parte trazia prejuízo".

Foram muitas as transformações desde 2019. A empresa foi se estruturando com esforço e dedicação, guiada pela visão de proporcionar a cada viajante uma experiência de estar na natureza, com respeito e reverência, contemplando a beleza que encanta e surpreende; ao mesmo tempo, o empreendimento de Diego tem atuado ativamente para preservar estes lugares, garantindo que permaneçam conservados para as próximas gerações.

Assim como viajar com a Okê não se resume a percorrer trilhas ou escalar montanhas, a história de Diego não é apenas o relato da criação de um negócio, mas sim um percurso para "alcançar objetivos, vencer desafios e realizar sonhos". E ainda há muitas trilhas a seguir, pois Diego anseia crescer:

Diego entusiasta ao contar a sua experiência na apresentação do Manual da Aventura de Construir "Da Experiência, um Método".

> "Hoje o meu sonho é ter um time, com pessoas focadas nas áreas de atendimento, operação e reservas, financeiro e administrativo, pagando um salário digno para esse time. E poder me dedicar somente ao turismo".

Conheça mais o empreendedorismo de Diego acessando o QR code pelo seu celular!

bitly

CUTELARIA PINHEIRO

O objetivo era um *hobby* para o período da aposentadoria que se transformou na possibilidade de entregar algo único para cada cliente. Assim nasceu o empreendimento de **Vagner Pinheiro**, ex-policial militar, morador de Nova Odessa, São Paulo.

Vagner alcançou sua independência financeira precocemente. Aprendeu, com apenas 9 anos, a arte de montar tapetes e do tear observando primeiro sua avó e depois sua mãe. Passou a vender os tapetes que confeccionava para as clientes que buscavam o serviço de manicure que sua mãe oferecia aos fins de semana em casa, com intuito de aumentar a renda que obtinha na fábrica exercendo a função do tear.

Pouco tempo depois, quando tinha 13 anos de idade, Vagner começou a trabalhar na mesma empresa que sua mãe e logo se destacou entre os melhores funcionários; autodidata e acostumado a buscar conhecimento, ganhou muitos prêmios em dinheiro por operar os teares com maestria.

Mais tarde, Vagner ingressou na Polícia Militar, pelo incentivo de amigos, e aposentou-se na profissão depois de servir por 25 anos. Durante esta fase, ele fazia cursos de torneiro mecânico, soldador e cutelaria para no futuro, quando aposentado, ajudar no sítio de sua mãe. O serviço ao próximo também é desenvolvido por ele na Comunidade Filhos do Céu, onde atua na função de diretor: trata-se de um projeto que visa ao resgate de homens por meio de atendimento psicológico gratuito.

CONHECENDO A AVENTURA DE CONSTRUIR

Com essa bagagem profissional, cultural e de ser humano, Vagner recebeu um panfleto das mãos de um amigo. Aquele material anunciava um curso da Aventura de Construir com a Lamberti e oferecia inscrição gratuita — era um projeto criado especialmente para mulheres.

Ele logo percebeu a oportunidade de aprender o que precisava para sua cutelaria, que estava em fase de implantação. Fez a inscrição da esposa, com intuito de aprender observando, mas logo conseguiu uma vaga para si e pôde começar a usufruir do conteúdo das aulas.

Vagner foi crescendo em conhecimento e sempre notou um diferencial nos cursos da AdC, que se esmera em oferecer o que o aluno precisa por meio de acompanhamento individualizado e suporte específico.

Vagner participou de projetos financiados pela Lamberti Chemicals Specialties. Com o Lamberti Transforma e o Lamberti Transforma I, experimentou treinamentos voltados à sustentabilidade de negócio e ao fortalecimento da economia local. Em Lamberti Acelera e Lamberti Fortalece: de Olho no Mercado, o foco estava na promoção da aceleração e fortalecimento de empreendimentos com potencial para crescer, além do apoio para a transformação pessoal e aprendizado visando a sustentabilidade financeira dos negócios.

Com as capacitações da Aventura de Construir, Vagner viu sua vontade de aprender, servir e oferecer produto de qualidade atendida, e isto tem proporcionado fortalecimento e crescimento sustentável da Cutelaria Pinheiro.

TRANSFORMAÇÃO: DE POLICIAL A ARTESÃO

No bairro onde atua e reside, Vagner passou a ser conhecido como "o cuteleiro" — antes era chamado "o guarda". Ele via na cutelaria um hobby para praticar durante a aposentadoria, entretanto esse pensamento, assim como o próprio Vagner, foi passando por transformação, fomentando protagonismo pessoal e geração de renda.

A constante busca por capacitações oferecidas pela AdC e o desenvolvimento pessoal via aprendizados como fluxo de caixa, precificação e persona, entre outros, trouxeram a segurança necessária para crescer no conhecimento do seu próprio negócio, apresentando uma postura profissional em situações como formulação de preço, por exemplo, que o cliente percebe como *expertise*, incentivando a decisão pela compra.

Outro fator que faz a Cutelaria de Vagner ganhar espaço é o entendimento da importância de uma presença digital, por meio da rede social. Ele percebeu que o cliente utiliza buscadores de internet para encontrar o produto que deseja. Por esta razão, segue investindo tempo em aprendizado. Atendimento ao cliente, serviço agregado e flexibilidade de horário contam como diferencial no trabalho da sua cutelaria.

SUSTENTABILIDADE E EQUILÍBRIO

> "Nós quem abrimos ou fechamos nossas portas".

Vagner acredita em seu potencial para aprender; com isso, investe em maquinário que ele mesmo opera, visando a economia e retorno.

Ele explica que, adquirindo uma lixadeira de duplo *hollow*[3], garante economia de dois funcionários e toda implicação de impostos do sistema trabalhista brasileiro. Avalia como positivo o tempo para reaver o valor investido.

Outra questão favorecida por sua sede de aprendizado é um olhar constante para a precificação. Com as aulas de que participou na Aventura de Construir, passou a entender o momento certo de aumento de preço conforme a qualidade de seus serviços e, consequentemente, de seus produtos vai subindo.

OLHAR NO FUTURO

"O conhecimento que vai chegando até nós é como semente", Vagner diz. Valendo-se dessa ideia, vai preparando a continuação de sua história e de seu empreendimento.

3 Lixadeira para confecção de facas.

Ele pretende montar a cutelaria no sítio de sua mãe para ministrar aulas a outros cuteleiros. O amplo espaço permite a instalação, montagem e atendimento para quem busca aprender.

Vagner está preparando uma novidade para o serviço de atendimento de seus clientes implantando Inteligência Artificial (IA) e, para isso, está estudando métodos, programas e meios de instalação. O objetivo é implementar um robô inteligente, utilizando as mais avançadas ferramentas tecnológicas, visando aprimorar a experiência do cliente em toda sua jornada, desde a curiosidade até o momento em que ele decide pela compra.

Outro projeto que faz parte do plano de continuidade e inovação para a Cutelaria Pinheiro é a realização de leilões ao vivo pela internet, já que esta prática é bastante difundida entre os profissionais do ramo e incrementa bastante as vendas.

Diante do que foi exposto, podemos concluir que a Cutelaria Pinheiro vem intensificando sua presença no mercado, estruturada em uma base de conhecimento ofertado e adquirido que constrói um caminho solidificado em transformação positiva, desenvolvimento pessoal constante, visão de negócio e o desejo de dividir o que se aprende — característica de quem compreendeu que brilhar passa pelo esforço de iluminar caminhos.

Vagner finalizando a criação de uma das suas facas artesanais.

Conheça mais o empreendedorismo de Vagner acessando o QR code pelo seu celular!

À LA VAN

Van (Vanderly) Loureiro é a fundadora da À La Van, que cria roupas e acessórios sustentáveis promovendo, para além da moda, uma cultura de conscientização sobre o cuidado com o meio ambiente, do respeito às diferenças étnicas e a representatividade da pluralidade das formas corporais e de condições.

Natural da zona leste de São Paulo, Van Loureiro é filha de músicos que atuaram em um grupo vocal na época da Jovem Guarda, um importante movimento musical dos anos 60 no Brasil. Sua mãe passou a trabalhar como modista depois que Van nasceu, e toda essa vivência rendeu memórias afetivas que culminaram na decisão de criar moda com características que impactam e ressaltam possibilidades antes não pensadas.

Para concretização de seu propósito, Van passou a fazer cursos, alcançando a graduação pela Faculdade Santa Marcelina de São Paulo e a pós em Artes Visuais, Cultura e Criação pelo SENAC do Rio de Janeiro. Ela já ministrava aulas de desenho em instituições renomadas, e com as formações universitárias, novas portas se abriram.

MATERNIDADE ATÍPICA

Na época da pós-graduação, Van estava vivenciando a fase de adaptação com seu filho. Ele a havia escolhido como mãe.

Quando nos candidatamos para adotar uma criança, aprendemos que nós somos escolhidos por ela, e não o contrário. O filho de Van apresenta uma condição conhecida como síndrome de Down ou T21[4], o que pode fazer com que os desafios da maternidade sejam diferenciados ou atípicos. Tornar-se mãe, entretanto, aguça os sentidos, eleva a atenção, amplia o olhar de todas as mulheres...

> "Moda só pelo lado estético é pouco... Tem que ter um propósito maior que isso".

4 Trissomia do cromossomo 21: alteração genética que ocorre durante a divisão embrionária. No lugar de três cromossomos no 21º par, a pessoa possui três. O dia da conscientização da T21 é 21 de março.

No mesmo período, enquanto cursava a pós no SENAC do Rio de Janeiro, Van decidiu estudar mais a fundo o tema da sustentabilidade, averiguando que as pessoas produziam moda sustentável utilizando tecido sustentável, os orgânicos, os naturais, não de poliéster. Reconheceu, a partir de então, que era esse o seu caminho, o da moda alinhada à sustentabilidade, porém ainda sentia que faltava algo.

Van deduziu que, muito além da estética, à moda deveria ser agregada função, um propósito maior. Esta era a condição que vinha desde sua maternidade atípica, pois "quando temos filhos começamos a trabalhar com propósito de deixar um legado".

E foi em uma das manhãs dedicadas a levar seu filho para brincar que Van se deparou com grandes pilhas de garrafa PET e latinhas e descobriu o seu propósito.

"Vou trabalhar com aquilo que as pessoas estão descartando, dando mais vida útil, ainda que venha do petróleo e tenha passado por processos químicos, quanto mais for usado, melhor, possibilitando menos gastos para a retirada do meio ambiente".

Neste sentido, podemos encontrar o que vem a ser a MODA SUSTENTÁVEL, que opera com foco nos bens de uso e consumo respeitando o meio ambiente e os seres humanos, totalmente alinhada à MODA SUSTENTÁVEL DE RESSIGNIFICAÇÃO, que cria com base em utensílios, objetos ou vestuário previamente utilizados, transformando-os em peças novas.

Van começou suas experiências com garrafas PET e passou a embasar seu trabalho nesse caminho. Iniciou uma coleção e logo recebeu um convite, vindo da coordenação da Faculdade Anhanguera, onde havia trabalhado, para um desfile na Osasco Fashion Week — um importante evento que figura no cenário nacional da moda. Enfrentou opiniões contrárias, mas munida de grande determinação, conseguiu deixar sua marca diante da admiração dos que presenciaram seu desfile, impactando com sustentabilidade, propósito e inclusão na participação de modelos pretos, gordos, idosos, usuário de cadeira de rodas, com vitiligo, com tatuagem, gestante e com a síndrome de Down — seu próprio filho.

O desfile da Van foi aplaudido de pé pelo público presente. Ela recebeu depoimentos de pessoas dizendo que finalmente haviam sido representadas em um desfile de moda, e uma das fotos do seu trabalho que foi para o editorial montado com base no desfile saiu na importantíssima revista *Vogue Itália*. Assim aconteceu a consolidação do propósito do trabalho de Vanderly — moda agregada a sustentabilidade, funcionalidade e inclusão.

A AVENTURA DE CONSTRUIR E O ESPAÇO PARA MODA

Van estava em fase de enfrentamento das questões da pandemia e da necessidade de sair de São Paulo em razão da saúde do filho. Estabeleceu-se na linda cidade de Atibaia, quando aceitou o convite de uma amiga para conhecer a AdC. Iniciou em um projeto financiado pela Lamberti, que ofereceu treinamentos voltados a sustentabilidade, crescimento e fortalecimento de empreendedores e seus negócios, possibilitando, até mesmo, um capital-semente de premiação.

> "O capital-semente foi uma revolução!"

Com a premiação do capital-semente, Van pôde alugar e mobiliar uma sala com espaço adequado, boa iluminação e uma bela vista, que se tornou o estúdio da À La Van. Lançando mão de seu bom gosto, decorou e organizou o espaço, onde agora recebe seus clientes.

Lá, além de atender os pedidos de roupas sob medida, criou e mantém o Brechó Lavanda, anexo ao seu estúdio, onde comercializa "roupas, sapatos e acessórios selecionados — peças bonitas — a preços acessíveis".

NOVOS PLANOS

Para o futuro, Van pretende ampliar o Brechó Lavanda, já que clientes deste espaço acabam por conhecer o seu trabalho de criação.

Outro projeto que deseja realizar é a oferta de aulas em seu estúdio. Dentro desse plano de lecionar, Van tem a intenção, o grande sonho, de criar um curso voltado especialmente para mães de filhos com deficiência. A maioria das mães atípicas não pode trabalhar, muitas são sozinhas e têm baixa perspectiva ou oportunidades para crescimento. Quase todas carecem de apoio. Assim, este curso seria em um galpão, com intuito de vendas em uma loja colaborativa online, com foco no mercado internacional. Essas mulheres fariam o curso, levariam o que produziram para casa e trabalhariam no melhor horário para cada uma.

A ideia surgiu de suas próprias experiências como mãe atípica e da oportunidade que teve trabalhando no CRAS[5], onde ensinou mulheres a fazerem bijuterias com base em papel. Uma delas a procurou para agradecer, pois, com a venda de um conjunto, tinha conseguido dinheiro para compra do leite a seus quatro filhos.

Conheça mais o empreendedorismo de Vanderly acessando o QR code pelo seu celular!

5 Centro de Referência da Assistência Social.

MUNDO NEGRO AFRO

Ligia Marta, moradora da cidade de Sorocaba/SP, é a criadora da Mundo Negro Afro, uma confecção de moda afro que atua desde 2019. Confeccionando e pintando num estilo único, destacando o realismo e as cores vivas, Ligia cria peças artesanais exclusivas. Seu trabalho procura resgatar as matrizes africanas, valorizando sua história de luta e resistência.

Desde criança, Ligia demonstrou facilidade para o desenho e a pintura, habilidades que ganharam plena expressão nas roupas que ela cria para a Mundo Negro Afro. Ela confecciona artesanalmente cada peça, elaborando o design, o corte e a arte final, que é minuciosamente feita com pincel, traço a traço. Além disso, é responsável por toda a gestão do negócio.

De suas mãos, saem vestidos, calças, macacões, camisetas e turbantes personalizados, vendidos sob encomenda ou em exposições em eventos, feiras artesanais e de vestuário. Suas roupas, carregadas de beleza e cores vivas, estampam motivos africanos e personagens representativos da luta pela igualdade, como Martin Luther King, Carolina de Jesus, Steve Biko e Zumbi, entre outros.

Embora o mercado da moda afro tenha crescido muito no Brasil nos últimos anos e seja possível encontrar tecidos africanos ou roupas com motivos afro à venda até mesmo pela internet, nada se compara ao trabalho realizado por Lígia.

As peças da Mundo Negro Afro se diferenciam pela qualidade, durabilidade e exclusividade, permitindo ao cliente escolher a arte que preferir, incluindo a reprodução de sua própria foto, com a certeza de que nunca encontrará um produto como este nas grandes lojas de varejo.

Apesar do gosto pela pintura, Ligia demorou a se dedicar integralmente à arte e confecção de roupas. Durante 11 anos, ela trabalhou numa empresa e, de modo informal, realizou trabalhos de decoração, pintura, confecção de cartões de casamento e aniversário. Após desligar-se da empresa, ela entendeu que seria o momento de começar algo novo e decidiu empreender.

DAR O PONTAPÉ INICIAL E IR EM FRENTE

Com coragem e ousadia, Ligia decidiu criar roupas com estilo afro utilizando suas pinturas, mas enfrentou um desafio, pois não sabia costurar. Resolveu arriscar. Sem nenhum conhecimento prévio, cortou e costurou uma camisa masculina e, nesse processo, descobriu que ela mesma seria responsável por confeccionar as roupas.

A marca começou em 2018, num período em que a moda afro estava começando a se expandir. Era um contexto difícil para iniciar um empreendimento deste tipo, mas como ela afirma era preciso "Dar o pontapé inicial e ir em frente. Não retroceder, não parar. Foi o que eu fiz. E é o que eu faço".

Em 2022, por meio de um amigo de seu filho, ela soube de um projeto que seria realizado pela Aventura de Construir e se inscreveu no Lamberti Transforma II: Desenvolvendo Territórios. O projeto, financiado pela Lamberti Chemicals Specialties e desenvolvido na região de Nova Odessa/SP, era dirigido a empreendedores de baixa renda, buscando viabilizar a sustentabilidade de seus negócios e fortalecer a economia local.

Este foi o início da jornada de aprendizado e crescimento de Ligia e da Mundo Negro Afro.

Durante 2023, ela participou de uma nova etapa. O projeto Lamberti Acelera, patrocinado pela mesma empresa, tinha como objetivo promover a aceleração e fortalecimento de empreendimentos com grande potencial de crescimento selecionados na etapa anterior. Ao fim do processo, um dos empreendimentos seria premiado com um capital-semente.

Ligia considera que o encontro com a AdC foi um divisor de águas em sua vida. Para ela, a participação nos projetos trouxe autoconhecimento, ajudou-a a compreender o valor de seu trabalho e aumentou sua autoestima. Ligia pôde aprimorar a gestão de seu negócio, principalmente com o aprendizado sobre precificação, área em que tinha grande dificuldade de atuar, e sobre marketing, com a utilização das redes sociais para divulgar os seus produtos.

Além disso, pôde aprofundar a identificação de seu público-alvo e utilizar o capital-semente que recebeu como prêmio ao fim do projeto Lamberti Acelera.

Ligia relata a alegria em ter seu trabalho reconhecido e conseguir investir o capital na compra de máquinas industriais, que ela ainda não possuía: “Foi graças à AdC e ao prêmio que eu consegui minhas máquinas industriais. Isto era um sonho! Hoje são todas industriais”.

Mas confeccionar toda a peça, desde o corte até a pintura, é um processo muito trabalhoso. Infelizmente ela ainda não encontrou uma costureira que se adapte ao seu trabalho, o que dificulta o aumento da produção. Os desafios são muitos, mas desistir não está em seu radar: “É difícil, mas estou no caminho certo. É isso que eu quero”.

O PERCURSO CONTINUA

Ligia continua na rota para profissionalizar o seu empreendimento, participando em 2024 do projeto Lamberti Fortalece: de Olho no Mercado, pois ainda há muito o que aprender.

Nesse percurso, Ligia destaca o valor do acompanhamento contínuo que recebe da AdC: “Eles não nos deixam sozinhos. E não importa o horário, basta entrar em contato e dizer o que está precisando. Isto faz com que a gente não desista”.

Ela observa que a metodologia da AdC oferece algo além da capacitação técnica: “A forma com que nos colocam no colo. Esse afago, esse acolhimento... Isso não tem preço”.

E estar ao lado de uma pessoa como Ligia, protagonista de seu desenvolvimento, também não tem preço.

A AdC acompanha com satisfação a trajetória dessa mulher cheia de talento e determinação, engajada em movimentos sociais como Movimento Negro Unificado e Movimento Antirracista (Sorocaba), que vem abrindo caminhos na sociedade por meio de tecidos e tintas, criando, cortando e pintando.

O sonho de ter as máquinas industriais já se realizou. E agora: qual o é o sonho dessa artista empreendedora?

“Meu sonho é exportar, é ver minhas peças brilhando lá fora. Também quero chegar a São Paulo e expor na Feira

Preta, algo que ainda é difícil. São sonhos. Realizá-los, talvez, desistir deles, não!"

Alguém duvida de que ela chegará lá?

Arte e moda fusionando-se nas criações afro da Ligia.

Conheça mais o empreendedorismo de Ligia acessando o QR code pelo seu celular!

bitly

SALGADOS VENEZUELANOS

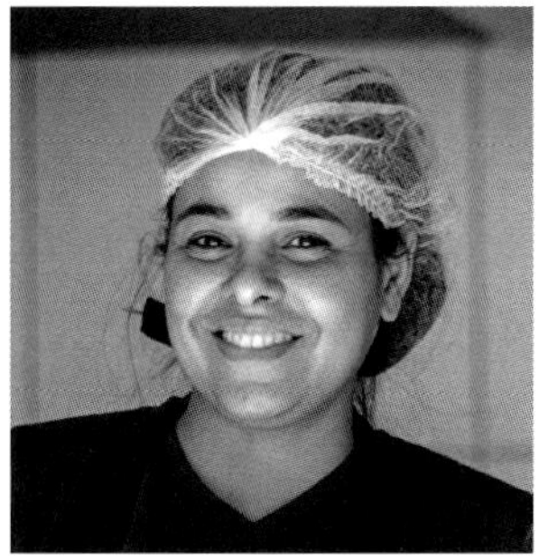

Yulexy Fernandez, imigrante venezuelana, chegou ao Brasil em 2019 com a família. Em meio à pandemia, iniciou com o marido a produção de comidas típicas da culinária da Venezuela. Hoje, a proprietária dos Salgados Venezuelanos possui uma lanchonete de salgados e atende também por delivery, trazendo um pouco de sua cultura para os brasileiros e lembranças da terra natal para os imigrantes que aqui residem.

Todo imigrante que chega ao Brasil carrega uma mala cheia de esperança e de saudade. Assim foi com Yulexy Coromoto Fernandez Gonzalez, que chegou aqui em 2019, com o marido e três filhos, deixando para trás um lar, o trabalho, a família e os amigos que tinha em Maracaico (terra do sol amado), uma bela cidade situada no noroeste da Venezuela, onde vivia.

Yulexy trabalhava como agente de segurança no aeroporto, e seu marido havia montado uma loja de salgados, onde vendia arepas, tequeños e papitas, alimentos que fazem parte da culinária tradicional do país e são bastante consumidos no dia a dia, estando presentes no café da manhã, no lanche das crianças e em refeições rápidas.

O negócio foi bem-sucedido durante alguns anos, mas a crise econômica que atingiu o país interrompeu esta trajetória. Em 2018, no auge da crise política e econômica, a escassez de alimentos e alta dos preços, associada à falta de água e energia, tornou inviável a continuidade da loja e a vida na Venezuela.

A falta de alternativas econômicas levou a família a pensar em emigrar. As notícias que chegavam por meio de amigos que haviam se estabelecido no Brasil descreviam um cenário favorável ao acolhimento de estrangeiros e boas perspectivas de trabalho. A família então tomou a difícil decisão de emigrar em busca de uma vida melhor.

Com a ajuda de amigos que haviam emigrado e viviam em São Paulo e uma rede de apoio formada pelos membros de sua igreja, Yulexy e sua família estabeleceram-se na cidade. Começava uma nova etapa na vida da família: era preciso aprender um novo idioma, adaptar-se a uma vida diferente e buscar uma fonte de renda enquanto aguardavam a regularização de sua situação para poderem trabalhar legalmente no país.

O DIFÍCIL COMEÇO NO MUNDO DA GASTRONOMIA

Às dificuldades naturais de adaptação somaram-se os desafios trazidos pela pandemia. Buscando uma forma de obter renda em meio às restrições impostas naquele período, Yulexy e seu marido começaram a produzir salgados em sua casa, mas as vendas custavam a crescer, pois havia um grande obstáculo a ser vencido: os salgados não eram conhecidos no Brasil.

"Na Venezuela era muito diferente: bastava fazer os salgados e colocá-los na vitrine. Eles 'se vendiam' sozinhos. Não havia necessidade de divulgação, ou de motivar as pessoas a experimentar algo diferente", afirma Yulexy.

Inicialmente ela tentou vender os salgados na rua, convidando as pessoas a experimentá-los. Apesar da boa receptividade, a ação não produziu resultados significativos. Mas, com a venda e divulgação dos salgados entre os amigos e entre os membros da comunidade venezuelana, a produção foi crescendo lentamente. As entregas eram levadas por ela de ônibus e mais tarde passaram a ser feitas por seu marido, que percorria de bicicleta o intrincado labirinto de ruas da cidade.

A necessidade de assumir o negócio após o marido encontrar um emprego, porém, levou Yulexy a mergulhar no mundo da gastronomia, algo totalmente desconhecido por ela até então. Era preciso aprender a fazer os salgados e descobrir estratégias para vendê-los.

Neste período, ela partiu em busca de conhecimentos, realizando cursos rápidos na área de gastronomia e empreendedorismo, visando estruturar a produção e estimular as vendas.

UMA NOVA ETAPA

Por indicação de uma amiga, Yulexy chegou até a AdC. Embora já fosse empreendedora, trabalhando então há dois anos na produção e venda de salgados, havia muita coisa a aprender, e o ingresso no projeto ProtagonizAqui: Aprendendo a Empreender trouxe grandes mudanças em sua vida e em seu negócio.

O ProtagonizAqui*, patrocinado pela Inter-American Foundation, iniciado em 2022, foi um projeto voltado para imigrantes e refugiados venezuelanos com enfoque na gastronomia, oferecendo ainda educação financeira, formação para a gestão, formalização de negócios e preparação para o mundo do trabalho. Os participantes poderiam percorrer a Trilha de Empreendedorismo ou a Trilha de Mercado de Trabalho e ao fim do percurso alguns seriam contemplados com um capital-semente.

* ProtagonizAqui, da Inter-American Foundation, objetiva capacitar migrantes e refugiados venezuelanos que vivem na cidade de São Paulo a empreender ou trabalhar no segmento alimentício, promovendo uma formação de desenvolvimento humano, social e econômico com base no autoconhecimento, educação financeira e aprendizado gastronômico, gestão e formalização de negócios e preparação para o mundo do trabalho.

Yulexy percorreu a Trilha de Empreendedorismo e durante este processo adquiriu novos conhecimentos na área de gastronomia com o renomado chef venezuelano Sumito Estevez e na área de gerenciamento. Ela elaborou seu plano de negócios e ao fim do projeto foi premiada com o capital-semente.

Ainda havia muita coisa a aprender para estruturar um empreendimento, e a AdC ofereceu a capacitação necessária para isto. Por meio de um acompanhamento individual, com o cumprimento de metas semanais, ela foi aprendendo sobre planejamento, orçamento financeiro, comunicação, marketing, nichos de mercado e novas possibilidades de serviço.

Ao descrever o papel que a AdC desempenhou até agora em sua trajetória, ela afirma:

> "[...] as pessoas da AdC se converteram numa família para nós. Nos apoiaram muito. Sempre que eu precisava de alguma orientação, entrava em contato e eles explicavam. Até hoje, quando eu preciso de alguma coisa, ligo para lá e sei que eles vão orientar. A gente não está sozinho, há quem te guie neste processo".

SURGE UMA EMPREENDEDORA

Hoje, além do atendimento por delivery, a empreendedora possui uma lanchonete na zona sul de São Paulo. Lá podemos encontrar pastéis, *arepas* com diferentes recheios, empanadas, *tequeños, tequeyoyos, patacones* e *papitas* feitas com dedicação e genuíno sabor venezuelano.

Embora não tenha ingressado no mundo da gastronomia com a intenção de atuar nessa área, Yulexy descobriu-se como empreendedora e quer empenhar-se para o crescimento do seu negócio. "Comecei no empreendedorismo por necessidade, mas durante este processo descobri que quero ser uma empreendedora, ser dona do meu próprio negócio, do meu tempo, podendo cuidar melhor da família", diz Yulexy.

E ela tem planos: abrir um restaurante, que, sem dúvida, trará um pouco mais do rico patrimônio da gastronomia e da cultura da Venezuela para nossa cidade.

Yulexy considera que a comida é uma forma de linguagem muito expressiva, por isso ela convida os brasileiros a esta nova experiência gastronômica e dedica especial atenção aos imigrantes venezuelanos que aqui vivem. "A comida lembra o seu país, sua família, seus amigos, a sua raiz. É mais do que comida, é lembrança, é tradição", explica.

Ainda que o caminho de empreendedor não seja fácil e exija uma contínua dedicação, Yulexy descobriu a satisfação de empreender, de dar forma a um objetivo. E segue em frente trazendo à tona lembranças, tradições e a cultura de seu país por meio de seus Salgados Venezuelanos.

Talvez a mala dessa emigrante agora esteja um pouco mais vazia de saudade e renovada de esperança! Sorte a nossa!

Paixão e atenção são ingredientes importantes na preparação dos salgados venezuelanos da Yulexy.

Conheça mais o empreendedorismo de Yulexy acessando o QR code pelo seu celular!

CHEVERE RESTAURANTE

Gema Soto é idealizadora e fundadora do Chevere Restaurante, presente na região de Pirituba, zona norte da cidade de São Paulo. O diferencial está no preparo do alimento saudável e sustentável, com base em ingredientes orgânicos, agroecológicos e PANC, que entregam aconchego e despertam a memória afetiva.

Nascida na cidade de Bolívar, na Venezuela, Gema Soto mudou-se com sua mãe para Caracas ainda pequena, mas foi durante as visitas à cidade natal que sua memória foi sendo construída pelo som das vozes de sua gente, de mulheres que com sua magia faziam do crepitar das chamas do fogão e dos aromas, o alimento que saciava a fome e trazia cura para toda dor. Hoje, esses são os principais ingredientes de seu empreendimento Chevere Restaurante de delivery na cidade de São Paulo.

Entretanto, antes de se tornar *chef* de seu próprio negócio, Gema vivenciou experiências de proporções tamanhas que impactariam seu entendimento sobre questões como pertencimento e cidadania.

Tendo concluído o ensino médio, Gema já fazia as viagens a Bolívar por conta própria. Em uma dessas ocasiões, pôde finalmente conhecer seu pai, o progenitor que, devido a seu trabalho como minerador, havia escolhido o nome da filha, *Gema*, que significa "pedra preciosa". E assim foi também, viajando sozinha para sua cidade natal, que ela conheceu um jovem que se tornaria seu marido; desde o momento em que se encontraram pela primeira vez, nunca mais se separaram um do outro.

Enquanto Gema enveredava seus caminhos pelo ramo do turismo, em seu país intensificaram-se resultados negativos advindos de uma inovação política que deu início a uma situação muito grave, culminando na evasão de milhões de venezuelanos. Privados de seus direitos como cidadãos, Gema e sua família se viram obrigadas a abandonar a pátria. A saída deixou marcas de preocupação, pois sua mãe permaneceu em Caracas, já que a jornada em busca de um novo país era demasiada incerta e insegura.

Depois de cruzar a fronteira para o Brasil, estando por um tempo em Roraima, Gema passou por um processo chamado interiorização e chegou à cidade de São Paulo. Os desafios eram constantes na busca por trabalho, moradia, comida ou alguma estabilidade. Ela tinha a fome física saciada pelo pão e pela fruta que seu marido e filho traziam do Bom Prato — programa que oferece refeições saudáveis a custo acessível para pessoas em vulnerabilidade social desde o ano 2000 no estado de São Paulo. Mas ela tinha outro tipo de fome, que não sabia como vencer. Arrumou um trabalho, entretanto viu-se vítima de um regime análogo à escravidão. Depois conseguiu emprego em uma creche e os desafios apresentaram-se, desta vez, na forma de racismo.

Perguntava-se o porquê de tudo aquilo, por que com ela, e decidiu que era tempo de parar aquela corrida desenfreada, parar de brigar com Deus e o mundo. Escolheu um local no centro da cidade, sentou-se e chorou. Percebeu que ao parar, pôde começar a entender onde estava, e de repente lhe ofereceram um copo com café.

Quem lhe ofereceu o café foi um homem em situação de rua. Ele sentou-se perto dela e perguntou:

"Você sabe como se deu o crescimento demográfico de São Paulo?" E ele passou a contar, com propriedade, toda a história que conhecia tão bem. Ao fim da aula sobre a cidade, fez outra pergunta para Gema: "Sabe por que eu vivo na rua? Eu não soube lidar com a perda do meu filho".

Gema constrangeu-se percebendo que aquele homem não teria uma segunda chance, mas ela sim.

A AVENTURA DE CONSTRUIR: PERTENCIMENTO

Uma amiga contou sobre a Aventura de Construir e de um projeto com gastronomia; assim, Gema passou a participar do ProtagonizAqui, financiado pela Inter-American Foundation, que teve início no ano de 2022 com o objetivo de capacitar 60 migrantes vindos da Venezuela para ingressarem no trabalho do segmento gastronômico. Como destaque, o Protagoniza enfatizou o autoconhecimento e valorizou o desenvolvimento humano, o social, bem como o econômico, entregando aulas de educação financeira, preparação de um plano de negócios e oportunidade de prêmio capital-semente, além de instruções sobre microcrédito.

Dentro desse escopo oferecido pela AdC, Gema pôde experimentar pertencimento, sentindo-se parte de um novo país. Essa transformação e novo entendimento propiciaram energia suficiente para iniciar a preparação de uma nova vida.

Gema passou a buscar mais entendimento para saber sobre os costumes do seu futuro público — o brasileiro —, que come um determinado prato às segundas-feiras, outro às terças... Entendeu também que São Paulo é lugar de muitas pessoas que vieram de outros lugares, de todos os lugares. A partir de então, foi possível materializar o Chevere Restaurante.

"[Chevere] significa que algo é bom, que é maravilhoso e esta palavra está estampada na alma do empreendimento de Gema, que é um restaurante de alimentação natural, de receitas familiares e ancestrais, advindas da Venezuela, que trazem felicidade. Os ingredientes são orgânicos e sazonais, proporcionando alimentos saudáveis, com texturas, aromas e temperos que conduzem a uma viagem memorável".

PENSANDO NO FUTURO

Além de ser um restaurante que entrega comida com sabor de aconchego e daquela lembrança da avó e da tia, o Chevere precisa ser sustentável, pois as demandas financeiras a serem cobertas estão em São Paulo e também na Venezuela.

Gema ainda deseja que seu restaurante seja um local de aprendizado. Lembra-se de uma sentença que diz "quem dá uma caixa de comida pode ser considerado bom, mas, quando a comida acabar, pode ser considerado mau, porque não ensinou nada".

Declara que precisamos aprender e ensinar a comer melhor, a comer comida sem veneno. Aprendendo a cuidar de nós e de nosso planeta, estaremos todos semeando saúde para colher mais sorrisos.

Uma mulher, um fogão e uma boa dose de carinho para quem for comer esta comida: Gema em ação!

Conheça mais o empreendedorismo de Gema acessando o QR code pelo seu celular!

ECOLÓGICA

Luciana Raldi, artesã da cidade de Viamão/RS, "expressa o que sente através da arte do bordado". Ativista de causas sociais e ambientais, cria obras artísticas utilizando técnicas de bordado aplicadas em materiais ecológicos, como folhas e tecidos, produzindo peças únicas, com a marca Ecológica. Além de vender suas obras, Luciana participa de exposições, tendo obras já levadas para Portugal e Itália.

A história da Ecológica e a trajetória de vida de Luciana estão profundamente entrelaçadas e se expressam em cada obra que ela cria: folhas bordadas, colares, quadros e outros objetos. Por ser ativista ambiental, ela utiliza materiais que não agridem a natureza e não geram resíduos, reaproveitando as sobras para a confecção de novas peças.

As criações, como tudo na vida dessa gaúcha, são carregadas de intensidade. Assim tem sido a dedicação ao trabalho, ao estudo, à proteção ambiental e ao engajamento em causas sociais, tendo sempre o artesanato como companheiro em cada etapa de sua trajetória.

Para Luciana, "as coisas nunca foram fáceis", mas ela "não é uma pessoa de desistir"; e apesar das dificuldades econômicas que a obrigaram a enfrentar longas jornadas de trabalho, foi conquistando seus objetivos.

Com o apoio do artesanato, fez o curso de magistério, graduou-se, trabalhou na área da limpeza e depois como professora. Foi proprietária de uma escola infantil e atualmente cursa o mestrado na área de Educação em Ciências, onde, como não poderia deixar de ser, relaciona saberes com o bordado.

Ainda adolescente, Luciana começou a confeccionar e vender colares, brincos e pulseiras de miçangas, o que contribuiu para aumentar sua renda. Já na faculdade, ela reencontrou o fuxico, técnica artesanal que fazia sucesso na época e que ela conhecera quando criança na casa da avó, que fazia bonecas de pano, colchas, cortinas, bordados e vivia numa casa "enfeitada de fuxicos".

Autodidata, ela começou a produzir bolsas com esta técnica. Os pedidos aumentavam e as mãos de Luciana não paravam de trabalhar, até mesmo durante as aulas, para dar conta das encomendas. Com o passar do tempo, ela foi pesquisando e realizando outros tipos de artesanato, sempre com tecido, agulha e linha.

BORDADO, LUTA E PERSISTÊNCIA

A chegada da filha levou-a a abandonar a faculdade, mas não o desejo de estudar e ser professora. Alguns anos depois, Luciana iniciou o curso de magistério e ao mesmo tempo, ingressou no curso de Ciências da Natureza na UFRGS, dividindo-se entre os cursos durante dois anos. Com uma bolsa de estudos, ela pôde desenvolver projetos na universidade, incluindo a criação coletiva de um empreendimento na área de artesanato, onde apresentava seus produtos ecológicos.

Mesmo durante um período desgastante de trabalho, em que chegou a dar aulas em três turnos, Luciana não abandonou o artesanato, começou a trabalhar com o bordado, criando cadernos e pastas com capas bordadas. Os pontos eram simples em comparação com as técnicas mais elaboradas que ela iria desenvolver.

Paralelamente ao estudo e trabalho, Luciana sempre esteve engajada em causas sociais, participando ativamente de diversos movimentos em sua cidade. Com as amigas dos tempos de estudo, fundou e integra a coordenação da ONG Mãos que Criam, um coletivo que busca a geração de renda por meio de oficinas de artesanato.

Foi em um destes grupos que Luciana ficou sabendo de um projeto que seria realizado pela Aventura de Construir. Era o projeto Vi a Mão Empreendedora de Mulheres Empoderadas, iniciado em 2021 e financiado pelo Ministério do Trabalho, que tinha o objetivo de oferecer capacitação empreendedora e assessoramento para 50 mulheres de Viamão. Por encontros presenciais e a distância, o projeto visava desenvolver competências empreendedoras para as mulheres, aprimorando a gestão de seus negócios e promovendo independência financeira e sustentabilidade.

Sempre curiosa e sedenta por aprender, Luciana resolveu se inscrever. Ela nos conta:

> "Quando surgiu o curso da AdC, eu mergulhei! Participei o máximo que consegui, tive várias dificuldades e muitas vezes nem pude abrir a câmera porque estava no trabalho, mas valeu a pena".

Com o acompanhamento da AdC, Luciana aprendeu muito sobre organização. Ela passou a se organizar melhor em vários aspectos e hoje se dedica, com disciplina, à Ecológica e a outros projetos, todas as manhãs, das 8h às 12h.

Além disto, recebeu capacitação em outras áreas, compreendeu a importância de fazer um planejamento, de dedicar-se à criação da marca e pesquisar novos produtos, tendo também adquirido conhecimentos sobre estratégias de marketing.

Em 2024, ingressou na segunda fase do projeto Vi a Mão Empreendedora de Mulheres Empoderadas, oferecido pela AdC, continuando seu percurso para transformar o talento em um empreendimento gerador de renda.

Ela nos conta que está aproveitando muito esta etapa, pois o primeiro projeto "abriu seus horizontes", e agora compreende melhor alguns aspectos do empreendedorismo, especialmente em relação à precificação. Embora ainda tenha muito o que aprender, ela afirma que "seu trabalho está melhorando muito" e a "cada aula surgem novas ideias e projetos".

UMA ARTISTA

Luciana é uma artista que está continuamente pesquisando e criando. Os temas estão dentro dela e se expressam em forma de pontos, traçados e cores.

Assim ela explica sua arte: "eu bordo o que sinto, porque eu não consigo separar o que eu sinto da agulha".

Sua meta hoje é formalizar a empresa, registrar-se como Microempreendedora Individual (MEI) e ter um ateliê: "Meu sonho é construir um Ateliê Ecológico para criar peças maiores", já que atualmente o ateliê é dentro de seu quarto.

É lá onde passa as manhãs trabalhando na bancada feita pelo marido: bordando, pesquisando e anotando as ideias que vão surgindo em seus preciosos caderninhos de projetos.

Luciana segue trabalhando, dividindo-se entre a Ecológica, o projeto da Aventura de Construir, o mestrado e a ONG que coordena. Também está escrevendo um livro sobre movimentos sociais e bordado e elaborando um curso de bordado que pretende começar em setembro de 2024.

De fato, para tudo isto é necessário ter muita energia e dispor de um espaço maior, pois, como ela afirma, seu ateliê "é um cantinho bem pequenininho".

Mas será que algum lugar será grande o suficiente para conter o potencial criativo e a força dessa mulher?

Um coração que vibra no trabalho se torna arte nas criações da Luciana.

Conheça mais o empreendedorismo de Luciana acessando o QR code pelo seu celular!

CASA DE BARRO PRODUTOS ARTESANAIS

Fabíola Rubas é produtora agroecológica e está à frente da Casa de Barro Produtos Artesanais, situada em um assentamento agrário em Curitibanos, Santa Catarina. Com seu companheiro, Gustavo Paniz, ela iniciou um modelo pioneiro de produção agroflorestal na região, com foco no cultivo de grãos e plantas da Mata Atlântica em instalações construídas com técnicas de bioconstrução. O local também é utilizado para realizar atividades culturais e educativas.

Fabíola Rubas nasceu em uma família de agricultores, que em 1997 se estabeleceu num assentamento da reforma agrária na região de Curitibanos. Aos 16 anos, ela deixou a região para concluir os estudos, graduando-se em Administração e trabalhando em cooperativas locais.

Sua inquietação em relação ao progresso atual e o interesse pelas questões agroecológicas eram compartilhados por seu companheiro, Gustavo. Por isso, após alguns anos morando em Florianópolis, o casal decidiu morar na propriedade da família de Fabíola em Curitibanos e concretizar seu ideal de vida.

A construção da casa de taipa, com paredes feitas de hiperadobe, uma técnica apreendida com o avô, e a produção de alimentos para o próprio consumo foram apenas o início de um projeto que, ao longo do tempo, foi se expandindo a várias áreas.

Em 2018, o casal iniciou a produção agroflorestal, um modelo que, intercalando o plantio de árvores com o cultivo de grãos, verduras, árvores frutíferas ou outros alimentos, permite produzir alimentos e ao mesmo tempo nutrir o solo, adubando-o com insumos da própria natureza. Isto torna a agricultura mais produtiva, mais barata e sustentável.

Sendo o único empreendimento desse tipo numa região fria, a agrofloresta tem atraído a visita de alunos universitários e pesquisadores. Além disto, a Casa de Barro realiza oficinas de bioconstrução, promovendo a educação e a difusão de uma nova mentalidade em relação à alimentação e à utilização dos recursos naturais.

DA CASA PARA O CONSUMIDOR

No início, a pequena produção de alimentos era vendida apenas na cidade de Curitibanos e para os amigos da capital, mas a demanda começou a crescer e a produção de expandiu.

Hoje, a Casa de Barro oferece uma ampla variedade de alimentos in natura e produtos processados artesanalmente, feitos com insumos cultivados no local. Dentre os produtos, destacam-se diversos tipos de feijão, pipoca, milho, quirera, canjica, farinha de milho, alho, cebola e açafrão, entre outros alimentos.

Da uva, são feitos vinho, suco integral e vinagre. Além disso, há produção de queijos, cervejas, licores e geleias feitas com frutas nativas da Mata Atlântica, como tarumã, guariroba, butiá e guamirim. Atualmente, vários rótulos já possuem informações nutricionais.

As vendas são feitas diretamente e por encomenda. A produção é levada para Florianópolis aproximadamente cinco vezes ao ano, distribuída em pontos de venda, incluindo casas de amigos que colaboram voluntariamente. Além disso, a Casa participa de feiras realizadas na região.

A divulgação é feita por meio das redes sociais e do “boca a boca” entre os próprios consumidores. Os produtos agroecológicos, que promovem saúde e sustentabilidade, vão tecendo uma rede com pessoas que compartilham objetivos. Fabíola afirma que, "às vezes, as pessoas chegam para retirar os produtos e elas se reconhecem. É uma rede muito bonita, que vai crescendo".

Em 2023, Fabíola ficou sabendo, por intermédio de um professor da UFSC, de um projeto da Aventura de Construir direcionado a produtores agroecológicos. Ela decidiu inscrever-se no Protagonistas que Plantam Sustentabilidade — projeto público que faz parte da Lei de Incentivo, via Ministério da Cultura/PRONAC/Carrefour. O objetivo foi incentivar o empreendedorismo orgânico. Por meio de capacitações e também de assessorias, o projeto formou 30 microempreendedores orgânicos de todas as regiões do Brasil. Em razão do projeto, foi produzido um documentário.

Embora seu empreendimento já estivesse estruturado em vários aspectos, Fabíola afirma que o trabalho da AdC a ajudou a organizar melhor seu plano de negócios. Ao analisar as planilhas de comercialização com os dados registrados desde 2018, foi possível visualizar com maior clareza o desenvolvimento de seu negócio ao longo do tempo e definir quais seriam as prioridades de investimento.

Ela ressalta que as assessorias trouxeram conhecimentos novos, atualizaram o que era conhecido e a ajudaram a lidar com questões de logística, permitindo definir os custos da entrega de cada produto.

Outro aspecto da metodologia da AdC destacado por Fabíola é a troca de experiências com outros empreendedores, especialmente aqueles que estão no mesmo ramo de atividade, o que ela considera muito enriquecedor, pois "outras experiências nos ensinam muito, nos ajudam a ter outra percepção do que fazemos. E aí, a gente pode encontrar soluções, trilhar outros caminhos", diz.

O próximo passo a ser dado é a construção de uma cozinha, para melhorar a qualidade de vida no trabalho e atender aos requisitos legais para que a produção seja considerada artesanal, que é o diferencial da Casa de Barro.

PLANTANDO SUSTENTABILIDADE

Produzir segundo um modelo que, além de minimizar os danos ambientais, ajude a recuperar o meio ambiente é uma tarefa desafiadora, sobretudo devido às mudanças climáticas: em um ano as perdas são causadas pelo excesso de chuva, em outro pela forte seca. Mas este cenário não leva Fabíola a pensar em desistir. Para ela, ao contrário, "Isso só deixa mais clara a necessidade de se continuar neste processo, porque não existe outro caminho que não seja esse".

Fabíola sonha em ampliar a produção agroflorestal e deseja que seu trabalho sirva de inspiração para outras pessoas "iniciarem um processo de transformação, porque vale a pena. É mais do que uma questão econômica, é uma questão de vida".

E as transformações começam com pessoas como Fabíola, que iniciaram uma grande transformação num pequeno lote em Curitibanos, produzindo de forma sustentável e estabelecendo parcerias para fortalecer a rede de cooperação dos produtores agroecológicos da região.

Mas o sonho de Fabíola não se restringe ao seu empreendimento. Inclui um país inteiro, onde os pequenos agricultores possam ter sua terra, condições dignas de vida e haja uma ocupação mais ordenada das cidades para enfrentarmos coletivamente os desafios ambientais.

Nada como sentir própria a herança familiar para cultivar com tanta dedicação.

Conheça mais o empreendedorismo de Fabiola acessando o QR code pelo seu celular!

SÍTIO ALTO DA SERRA

Violeta Martinez Zepeda é uma empreendedora de alimentos orgânicos que, ao lado do marido, está à frente do Sítio Alto da Serra, cultivando e distribuindo seus produtos na região de São Sebastião/SP. Seguindo um modelo agroecológico, a empresa de agricultura familiar contribui para restaurar a paisagem natural e oferece um serviço de entrega de alimentos diretamente em casa, por um preço acessível.

Natural da cidade de San Cristóbal de las Casas, no México, Violeta é agrônoma e vive desde 2013 no Brasil, sempre morando no campo, onde trabalhou como consultora e produtora rural.

Em 2019, ela e seu marido, Juliano Hoja, iniciaram a produção de alimentos orgânicos no Sítio do Alto da Serra, localizado em Natividade da Serra, próximo a São Sebastião, no litoral norte de São Paulo. Desde o início, eles adotaram um modelo agroecológico com o objetivo de restaurar a paisagem degradada pelas atividades agropecuárias e produzir alimentos orgânicos de qualidade sem o uso de insumos prejudiciais ao meio ambiente.

Enfrentando as dificuldades trazidas pela pandemia em 2020, ela começou a fazer entregas em casa. O que parecia ser uma solução temporária mostrou-se duradoura e foi uma escolha acertada. O serviço de entrega tem crescido continuamente e, à medida que a diversidade de produtos aumenta, o mercado também se expande.

Atualmente, o Sítio Alto da Serra cultiva mais de 30 espécies de plantas e produz verduras e legumes da estação, temperos, frutas cítricas e frutas nativas da Mata Atlântica, como cambuci, grumixama e uvaia. Além disso, oferece produtos processados, como banana-passa e geleias, tudo a um preço justo, tanto para quem compra quanto para quem vende.

Os produtos são entregues semanalmente na casa dos clientes, que fazem seus pedidos com base nas informações disponibilizadas no site aos domingos. Este modelo é valorizado pela clientela, que sabe que os produtores cuidam de todo o processo desde o plantio e colheita, até o processamento e entrega, atendendo às suas necessidades de forma personalizada.

UMA EMPREENDEDORA?

Desde o início, com muita observação e empenho, Violeta buscou o crescimento de seu negócio. Ela entendeu que poderia agregar valor aos seus produtos se aproveitasse as frutas que produzia em grande quantidade em certas épocas do ano. Começou a estudar métodos para congelar, armazenar e utilizar as frutas no preparo de geleias.

Violeta descobriu o potencial das geleias e foi aprimorando o produto com rótulos profissionalizados, contendo tabelas nutricionais. Já existem seis sabores de geleias preparadas com ingredientes orgânicos, destacando as frutas nativas da Mata Atlântica, disponíveis para venda numa padaria em São Sebastião, o que representou um grande passo para ela.

Embora possuísse conhecimento técnico e administrativo, Violeta sentiu a necessidade de aprender mais para desenvolver seu modelo de negócios e, por esta razão, participou do programa ALI do SEBRAE, que a ajudou na organização da parte financeira.

A vida do empreendedor, porém, não é nada fácil. Os desafios são múltiplos e surgem a todo momento. Foi por isso que Violeta decidiu aceitar o convite para participar de um projeto da Aventura e Construir, que seu marido havia recebido por meio de uma rede social.

Em 2023, ela passou a fazer parte do Protagonistas que Plantam Sustentabilidade — projeto público da Lei de Incentivo via Ministério da Cultura/PRONAC/Carrefour, com objetivo de incentivar o empreendedorismo orgânico. Por meio de capacitações e assessorias, o projeto promoveu a formação de 30 microempreendedores orgânicos de cinco regiões do país, incentivando a formação de redes de parceria e produzindo um documentário sobre o tema.

Violeta afirma que fazer parte do projeto ajudou-a em muitos aspectos. "Entrei e foi maravilhoso! Foi um mergulho, uma imersão muito profunda no que é empreender, o que é necessário para ter um negócio bem-sucedido".

Apesar de já desenvolver um modelo de negócios na área da produção agrícola, ela afirma que o projeto da AdC trouxe o conhecimento de elementos novos e essenciais para seu crescimento, como questões ligadas a precificação, desenvolvimento de marketing e temas de finanças. "Tudo que eu ainda não havia explorado!", ela ressalta.

Violeta destaca que ao fim do projeto conseguiu aperfeiçoar o plano de negócios e formalizar melhor a produção de geleias, mudando a percepção de si e de seu trabalho. Ela descreve: "Me tornei uma verdadeira empreendedora, porque até então eu não me reconhecia desta forma. Eu era só uma produtora fazendo de tudo em busca do sustento econômico".

PLANTANDO O PRESENTE E O FUTURO

Em 2023, depois de um período de trabalho extenuante, Violeta retomou suas atividades com determinação, decidida a empenhar-se totalmente no trabalho e a "empreender melhor".

Atualmente ela é responsável pela administração do Sítio, que inclui o planejamento da produção e financeiro, além da fabricação de banana passa e geleias, e atendimento ao cliente.

Seus produtos têm uma logomarca, que identifica uma produção diferenciada, orgânica e artesanal. Violeta afirma que superou as próprias expectativas e pode dizer com orgulho: "Agora eu contribuo muito com a renda da minha família".

Sua meta para o futuro é crescer de forma sustentável, mantendo o modelo de entrega das cestas em casa e a produção de geleias, buscando atingir um equilíbrio financeiro para viver com qualidade ao lado do esposo e da filha pequena: "Estou encontrando os caminhos entre produzir, ter tempo para o descanso e para a família".

Hoje, Violeta tem consciência do que é ser empreendedora, da força de seu trabalho como uma agente de transformação de si mesma, da vida de sua família e do seu entorno.

Além dos produtos cultivados no Sítio Alto da Serra, as cestas podem incluir itens de produtores vizinhos, como queijos e iogurtes. Como ela destaca, "É uma parceria bem bonita, é uma contribuição para a economia local. E os produtores também se programam para fornecer as coisas para nós. Então, isso vai ajudando e dinamizando outros pequenos produtores".

Desta forma, Violeta, mulher empreendedora, segue cultivando, colhendo e processando os frutos para o presente e para o futuro, consciente do impacto que seu trabalho traz para sua vida e sua comunidade.

Sabores, texturas e tradições a serem descobertos na produção da Violeta.

Conheça mais o empreendedorismo de Violeta acessando o QR code pelo seu celular!

EMPÓRIO DO BOCA

Edilsa Maria da Silva iniciou sua trajetória em 1999, ao lado do marido, abrindo um pequeno bar na garagem de sua casa no bairro Sol Nascente, em São Paulo. Hoje, após muito trabalho, aprendizados e conquistas, ela é proprietária do Empório do Boca, restaurante que serve refeições no almoço, petiscos à noite e uma excelente feijoada aos sábados. E conta com a ajuda de três colaboradores.

Edilsa Maria, hoje proprietária do restaurante Empório do Boca, gerido com a ajuda do marido, nasceu na cidade de Cortês, Pernambuco. Aos 17 anos, veio para São Paulo com a família e logo conseguiu emprego num restaurante italiano, onde trabalhou por dez anos, descobrindo o amor pela gastronomia. Após trabalhar em outro restaurante e ser demitida ao voltar da licença-maternidade, em 1999, Edilsa e o marido decidiram abrir um bar na garagem de sua casa.

As dificuldades foram muitas, principalmente ao tentar conciliar o trabalho diário e o cuidado com as filhas pequenas, já que não havia creches no local. Quando o bairro começou a se expandir e surgiu uma linha de transporte com peruas trafegando na região, Edilsa enxergou uma oportunidade de crescer. Ela começou a fazer comida para alguns perueiros, sendo uma das primeiras pessoas a fornecer refeições no bairro. Aos fins de semana, passou a servir feijoada, embalada muitas vezes por um "forrozinho".

O trabalho de preparar e servir refeições, compartilhado com o marido, foi se consolidando ao longo do tempo, superando desafios e adaptando-se às novas circunstâncias. Durante a pandemia, o bar continuou funcionando, servindo refeições preparadas na cozinha da casa e entregues por delivery.

Sempre ativa, Edilsa buscava constantemente novas oportunidades de aprendizado para aumentar sua renda. Em 2020, fazendo cursos na sede da associação do bairro (ATST), conheceu Sílvia Caironi, coordenadora geral da Aventura de Construir. Ao saber de um projeto voltado aos microempreendedores da região, ela logo se inscreveu e começou a aventura: "De lá para cá eu não parei mais. Quando aparece alguma coisa diferente, eles [AdC] me avisam e eu vou em frente!"

UM NOVO RESTAURANTE NO BAIRRO

Aos poucos, com muita luta e economia, Edilsa construiu um restaurante, inaugurando o Empório do Boca em 2022. O estabelecimento conta com um salão para servir refeições no almoço, porções à noite e oferece também serviço de delivery.

Para ela, a história do restaurante e a de sua evolução como empreendedora estão profundamente ligadas à Aventura de Construir. Ela destaca que foi por meio das assessorias da AdC que conseguiu abrir o restaurante, "porque, se tivesse aberto o restaurante somente com a cara e a coragem, sem esta ajuda, com certeza não teria dado certo".

Edilsa participou de vários projetos da AdC. Em 2020 integrou o Crescendo em Rede, que apoiou microempreendedores de impacto social nas periferias da cidade de São Paulo. Este projeto ofereceu capacitações e assessorias com o objetivo de promover conhecimento teórico e prático e o fortalecimento de negócios de impacto social.

Em 2020, quando ainda enfrentava as restrições impostas pela pandemia, Edilsa participou da Realidade Empreendedora I. No ano seguinte, continuou o aprendizado no projeto Realidade Empreendedora II, ambos financiados pelo Instituto SYN. Estes projetos visavam ajudar os empreendedores a superarem as dificuldades deste período, focando a gestão de negócios, o planejamento, comunicação, marketing e ingresso no universo do e-commerce, ensinando-os a usar ferramentas tecnológicas para esta finalidade.

Participando dos projetos, ela aprendeu muitas coisas novas, como utilizar o WhatsApp, fazer reuniões pelo Zoom e principalmente elaborar o plano de negócios, instrumento decisivo para desenvolver o seu negócio: “Foi isso que me fez crescer”.

Sempre assídua nas assessorias, Edilsa conta que repassava para o marido e as filhas os conteúdos apreendidos na AdC. Para crescer, ela dividiu as tarefas: “Coloquei a família para trabalhar, pondo em prática tudo o que eu aprendia”. A filha mais nova está encarregada da parte administrativa, e a outra filha ajuda aos fins de semana, quando o movimento no restaurante aumenta bastante. Hoje ela conta com três colaboradores e pode se dedicar à cozinha, enquanto o marido cuida do atendimento e do caixa.

Edilsa sabe que a maioria das micro e pequenas empresas tem vida curta e vê isso acontecer com frequência em seu bairro. Muitos desses negócios, bem localizados e com ambientes agradáveis, acabam fechando em poucos meses.

Ela observa que “não basta ter dinheiro para abrir um negócio, é preciso saber como lidar com ele. Por isso eu agarrei as oportunidades que a AdC me deu. Foi isto que me fez chegar até aqui”.

NÃO BASTA CRESCER SOZINHO

Edilsa, uma mulher cheia de coragem, determinação e conhecimento, tem um grande sonho: ver seu empreendimento crescer. No entanto, ela não quer crescer sozinha, por isto afirma que uma parte desse sonho já está sendo realizada.

Apesar da companhia do marido, os primeiros tempos no bar não foram fáceis. Para uma mulher com duas crianças pequenas e sem suporte, o trabalho era sempre árduo. Como não havia creches no bairro, Edilsa precisava se desdobrar para trabalhar e ao mesmo tempo cuidar das meninas, ou pagar para alguém ajudá-la, o que exigia um gasto extra muito elevado.

Por isso, Edilsa sempre teve o desejo de ajudar mulheres que precisam trabalhar e enfrentam situações semelhantes. Hoje, as funcionárias de seu restaurante são mulheres que moram na região, mães de crianças pequenas, que têm horários de trabalho mais flexíveis para poderem levar e buscar seus filhos na creche, entre outras necessidades.

E foi servindo refeições e aprendendo a fazer um plano de negócios que Edilsa foi estruturando um empreendimento que transformou sua vida e de sua família.

E ela continua a provocar mudanças em seu entorno, impactando o local onde vive, não apenas com sua maravilhosa feijoada servida aos sábados, mas também oferecendo oportunidades de crescimento para outras pessoas.

Conheça mais o empreendedorismo de Edilsa acessando o QR code pelo seu celular!

1001 UTILIDADES

1001 utilidades é a empresa de serviços criada por **Manuel Efraim Carrion Molina**, imigrante peruano residente em São Paulo. Como o nome sugere, ele oferece diferentes serviços: pintura, instalação e manutenção da rede elétrica e assistência técnica de eletrodomésticos para residências, restaurantes e lanchonetes.

Natural da cidade de Huancayo, região andina do Peru, Manuel Efraim Carrion Molina, o sexto de oito filhos, é conhecido como o aventureiro da família. Viajou para países da Europa e da América do Sul, conhecendo lugares, fazendo amigos e compartilhando suas experiências de vida.

Formado em Zootecnia (Engenharia Zootécnica), Manuel trabalhou na fazenda da universidade e fez estágio em uma fazenda no interior de São Paulo em 2011.

Em 2019, ele estava no Brasil com a intenção de encontrar sua esposa e filha, passear e conhecer novos lugares, mas a pandemia acabou mudando seus planos.

TEMPOS DIFÍCEIS

Em 2020, no auge da pandemia, o governo decretou um lockdown. Impedido de retornar ao país devido ao fechamento das fronteiras por tempo indeterminado, Manuel foi demitido da empresa em que trabalhava. O cenário econômico no Brasil havia se transformado; muitas empresas fecharam, e sua esposa também perdeu o emprego.

Durante esse período, sem nenhuma fonte de renda, a família sobreviveu com as economias que Manuel havia poupado.

Quando as restrições diminuíram, ele percebeu que seu diploma universitário em Zootecnia e sua experiência profissional não eram suficientes para ajudá-lo nesse momento. A revalidação do diploma para exercer uma profissão em outro país é um processo difícil, que exige o cumprimento de diversos requisitos burocráticos. Apesar de sua persistência, suas tentativas não tiveram sucesso.

De temperamento irrequieto, Manuel não se acomodou. Ele buscou expandir suas oportunidades profissionais realizando cursos de elétrica, montagem de computadores e automação residencial. Fez também cursos de assistente social, garçom e culinária com o objetivo de adquirir formação e certificação para desempenhar diversas funções.

Depois, Manuel procurou melhorar seu português fazendo um curso na Missão Paz, onde se tornou voluntário. Foi lá que ele conheceu a Aventura de Construir, por intermédio da assistente social responsável pela capacitação e cidadania.

Curioso, ele assistiu à apresentação do ProtagonizAqui, projeto financiado pela Inter-American Foundation, direcionado a imigrantes venezuelanos, residentes na cidade de São Paulo, interessados em empreender ou trabalhar no segmento alimentício.

O projeto oferecia formação humana e financeira, especialização em culinária tradicional brasileira e venezuelana, formação para a gestão, formalização de negócios, e aprofundamento na linha do empreendedorismo ou do mercado de trabalho. Ao fim do processo, alguns empreendedores seriam premiados com um capital-semente.

Embora o projeto fosse focado em gastronomia e direcionado a imigrantes venezuelanos, Manuel se interessou: Será que ele poderia participar desse projeto?

PERSISTÊNCIA

Naquela época, Manuel já estava no ramo de serviços, realizando a montagem de móveis e consertos de equipamentos elétricos, mas não conseguia ver como isso poderia se tornar um empreendimento sustentável.

Com alegria, ele recebeu a notícia de que a AdC havia ampliado a participação de imigrantes de outros países da América Latina e ele pôde se inserir no ProtagonizAqui. Embora tenha participado do projeto com empenho, ele acreditava que não teria nenhuma chance de concorrer ao capital-semente, pois, para isto, o empreendimento deveria estar dentro do setor alimentício.

De acordo com Manuel, o acompanhamento atento e contínuo do coordenador ajudou-o a conhecer melhor seu temperamento, reconhecer suas habilidades e descobrir possibilidades de atuação como prestador de serviços no ramo alimentício. As conversas clareavam seus objetivos e o fortaleciam.

Ele sabia instalar e reparar móveis, consertar eletrodomésticos e poderia atender bares, restaurantes e lanchonetes. Começava a nascer um projeto de atuação na área gastronômica.

Com criatividade e ousadia, Manuel formulou seu "cardápio" tendo como prato principal a instalação elétrica. Os ingredientes incluíam fios elétricos, tomadas, interruptores. Os insumos seriam as ferramentas: alicate, chave de fenda, chave Philips, rolo, pincel, cabo extensor, fita crepe, entre outros. E a refeição estaria servida quando tudo estivesse em pleno funcionamento.

Para sua enorme surpresa, ele foi contemplado com o capital-semente! E pôde investir o capital em seu aperfeiçoamento e em equipamentos para melhorar seu negócio.

MUDANÇAS

Falando sobre o papel da AdC em sua trajetória, Manuel afirma que este encontro trouxe transformações profissionais e pessoais. Além do aprendizado na parte financeira, ele "ganhou muitos amigos, que contribuíram bastante para seu desenvolvimento, tanto pessoal como profissional".

Ele ressalta a qualidade da formação recebida na AdC: "eles têm um time de especialistas em cada área e ao longo do curso nós recebemos capacitação, recebemos muitos ensinamentos para gerir a nossa vida e nossa empresa, como administrá-la".

Manuel acrescenta que, embora possuísse uma bagagem de experiência de trabalho e de vida e muita iniciativa, a AdC ajudou-o a se organizar melhor para administrar a renda que obtinha. Como ocorre com muitos empreendedores, todo o dinheiro que entrava era considerado lucro, e as despesas com transporte, alimentação e desgaste das ferramentas não eram levadas em conta. Por isso, as dificuldades financeiras se perpetuavam.

A AdC ajudou-o a avaliar os gastos que pretendia fazer, como a compra de uma impressora para imprimir cartões de visita utilizados para divulgar seus serviços no bairro onde mora. A divulgação também foi um aprendizado. Com a AdC, ele aprendeu a utilizar o Instagram para promover sua empresa, construir seu perfil e mostrar os serviços que realiza.

Manuel afirma que atualmente tem bastante trabalho e, conhecendo os clientes, consegue agendar os serviços. Seu grande sonho é formalizar o negócio e criar uma rede de prestadores de serviços.

O aventureiro peruano não para por aí. Está fazendo um curso de especialização em elétrica no SENAI durante a semana e aos sábados.

E, da mesma forma como foi ajudado, Manuel pensa em ajudar outras pessoas a viverem dignamente de seu trabalho.

Manuel, o peruano da AdC que possui a criatividade e capacidade de resolver tudo aquilo o que todas as casas precisam!

rilhos da periferia

rrata: Na página 85., o
ome do empreendedor
Manuel Efrain e o nome
orreto de sua empresa é
000 Utilidades.

"Depois dessa formação eu penso em capacitar outras pessoas e montar uma rede de prestadores de serviços, e aos poucos ir aumentando o número de serviços oferecidos, ir diversificando. Vai ser uma grande ajuda tanto para mim quanto para outras pessoas".

Conheça mais o empreendedorismo de Manoel acessando o QR code pelo seu celular!

bitly

POSFÁCIO

NARRATIVAS DE EMPREENDEDORISMO E RESILIÊNCIA

Por **Carlos Ferreirinha**,
fundador-presidente
da MCF Consultoria
Empreendedor desde 2001

Ao percorrer as páginas deste livro, eu desvendei um universo de resiliência, criatividade e empreendedorismo que segue florescendo fortemente nas periferias. Todas as histórias retratadas no livro são faróis que iluminam caminhos antes obscuros, demonstrando que o potencial humano transcende qualquer barreira geográfica ou social.

Essa é uma das grandes valias do trabalho admirável da AVENTURA DE CONSTRUIR, que eu tenho o privilégio de acompanhar há muitos anos. A AdC nos revela a força transformadora, ao investir na pessoa, acreditando na capacidade de cada indivíduo de gerar um movimento em cascata, impactando suas comunidades e construindo um futuro mais justo e próspero.

O empreendedorismo nas periferias, como evidenciado neste incrível registro, Brilhos da periferia, não se limita a gerar renda individual. Ele desencadeia uma série de transformações sociais e econômicas que reverberam por gerações.

As iniciativas empreendedoras nas periferias atuam como catalisadores de mudanças, gerando um efeito dominó que se espalha por toda a comunidade. Ao criar seus próprios negócios, os empreendedores:

- **Empoderam indivíduos:** A sensação de crescimento e de vislumbrar um futuro para o próprio destino impulsiona a autoestima e a autoeficácia, incentivando outros a buscarem suas próprias oportunidades;

- **Geram empregos:** Novas empresas significam novas vagas de trabalho, reduzindo o desemprego e aumentando a renda familiar;

- **Estimulam a economia local:** O consumo interno aumenta, fortalecendo o comércio local e atraindo novos investimentos;

- **Promovem a inovação:** A necessidade de se adaptar às condições locais e encontrar soluções criativas para desafios cotidianos estimula a inovação e o desenvolvimento de novos produtos e serviços;

- **Fortalecem o tecido social:** Ao criar redes de apoio e colaboração, os empreendedores contribuem para fortalecer o senso de comunidade e a coesão social. Eu adoro chamar isso de Efeito Dominó de Mudanças!

Em longo prazo, o impacto do empreendedorismo nas periferias é ainda mais significativo. Ao romper ciclos de pobreza e desigualdade, essas iniciativas contribuem para melhorar a qualidade de vida. Com mais renda e oportunidades, as famílias podem investir em educação, saúde e moradia, melhorando significativamente sua qualidade de vida. Além disso, têm poder sobre a redução da violência, uma vez que o empreendedorismo oferece uma alternativa ao crime, direcionando a energia e a criatividade dos jovens para atividades produtivas. Por fim, representa uma consequência direta na construção de um futuro mais justo.

Apesar dos benefícios, o empreendedorismo nas periferias enfrenta desafios, como acesso limitado a crédito, capacitação e redes de apoio. No entanto, as oportunidades são vastas. Com políticas públicas que estimulem o empreendedorismo, é possível promover o desenvolvimento local, reduzir a desigualdade e construir um futuro mais próspero.

O empreendedorismo nas periferias é mais do que a criação de negócios; é um movimento de transformação social. Ao investir nessas iniciativas, apostamos em um futuro mais justo e equitativo. Em um mundo cada vez mais complexo, o empreendedorismo surge como uma ferramenta poderosa para transformar realidades. Ele oferece um novo paradigma, no qual as pessoas são protagonistas de suas histórias, criando seus próprios empregos e soluções para problemas reais. Transformar ideias em realidade não apenas gera riqueza como contribui para o desenvolvimento de comunidades. Muitos empreendedores são motivados por um propósito maior, buscando soluções para problemas sociais e ambientais, e essa visão é essencial para um futuro sustentável.

Ao empreender, não apenas criamos um negócio, mas também inspiramos outras pessoas a fazerem o mesmo.

Finalizo minhas reflexões com uma chamada para ação:

- **Compartilhe sua história:** Se você é um empreendedor, compartilhe sua jornada com outras pessoas. Ela pode inspirar e motivar outros a seguirem os próprios sonhos;

- **Conecte-se com outros empreendedores:** Participe de eventos, workshops e comunidades online para trocar ideias, aprender com outros e construir redes de apoio;

- **Busque conhecimento:** Invista em sua educação e desenvolvimento pessoal. Quanto mais conhecimento você tiver, maiores serão suas chances de sucesso;

- **Acredite em si mesmo:** O empreendedorismo exige coragem, persistência e resiliência. Confie em suas capacidades e não desista dos seus sonhos.

A Aventura de Construir é mais do que uma simples ONG; é um movimento que transforma vidas e comunidades. Ao longo dos anos, essa iniciativa tem sido fundamental para empoderar empreendedores em regiões periféricas, oferecendo ferramentas, apoio e oportunidades para que eles possam construir seus próprios negócios e transformar suas realidades.

No entanto, para que esse trabalho continue a crescer e alcançar cada vez mais pessoas, é fundamental contar com o apoio da sociedade.

Ao apoiar a AdC, investimos em um futuro mais justo e equitativo. A organização empodera comunidades, oferecendo recursos e mentorias que geram renda e oportunidades de emprego. Além disso, ao promover o empreendedorismo nas periferias, a AdC combate a desigualdade e fortalece o desenvolvimento local. Os negócios criados pelos empreendedores apoiados impulsionam a economia e contribuem para um futuro mais sustentável, com foco na sustentabilidade ambiental e social, beneficiando as próximas gerações.

Existem diversas formas de apoiar o Aventura de Construir e os empreendedores que ela atende:

- **Doações financeiras:** Doações, independentemente do valor, podem fazer a diferença na vida de muitos empreendedores;

- **Voluntariado:** Dedicando parte do tempo para compartilhar conhecimentos e habilidades com os empreendedores, oferecendo mentoria e consultoria;

- **Divulgação:** Divulgando o trabalho da AdC nas redes sociais e entre contatos. Quanto mais pessoas conhecerem a iniciativa, maior será o impacto;

- **Parcerias:** Sendo empresa ou instituição, estabelecendo parcerias com a AdC, oferecendo produtos, serviços ou recursos que possam contribuir para o desenvolvimento dos projetos;

- **Aquisição de produtos:** Ao adquirir produtos e serviços dos empreendedores apoiados pela AdC, contribuímos diretamente para o sucesso dos negócios.

O FUTURO PERTENCE ÀQUELES QUE ACREDITAM NA BELEZA DE SEUS SONHOS.

BRILHOS DA PERIFERIA!

AGRADECIMENTOS

Agradecemos a todos que contribuíram para a realização deste projeto: os empreendedores que abriram sua vida para nós; os autores que as narraram com maestria; os financiadores que acreditaram em nossa missão; e a equipe da AdC que dedicou tempo e paixão a este trabalho.

Nossas jornadas estão apenas começando. Novas histórias surgirão, novos brilhos se farão presentes. E nós continuaremos a trilhar este caminho, construindo pontes, conectando pessoas e transformando realidades.

PATROCINADORES

Instituto SYN

meisystem.com

ALUTHAICO

RVC
Roteiros do Velho Chico
ECOTURISMO E TURISMO DE AVENTURA

INSTITUTO sabin

Apoio da IAF - Inter American Foundation